Алхимик

София
2004

Paulo Coelho

O Alquimista

Rocco

Rio de Janeiro — 1990

Паулo Коэльо

Алхимик

УДК 821.134.3
ББК 84(70Бр)
К76

К76 **Коэльо Пауло**
Алхимик/ Перев. с португ. А. Богдановского. —
М.: ООО Издательский дом «София», 2004. — 224 с.

ISBN 5-9550-0064-X

Пауло Коэльо — в наше время самый популярный писатель в мире.

«Алхимик» совсем не похож на «Чайку Джонатана» или «Иллюзии» Ричарда Баха, еще меньше похож он на «Маленького принца» Экзюпери, но почему-то трудно не вспомнить эти сказки-притчи, когда хочешь сказать что-то об «Алхимике». Это притча именно для нашего времени, и не зря «Алхимик» — любимая книга сильных мира сего и простых людей в 117 странах мира.

«Добиться воплощения своей судьбы — это единственная подлинная обязанность человека...»

УДК821.134.3
ББК84(70Бр)

ISBN 5-9550-0064-X

ОГЛАВЛЕНИЕ

ПРЕДИСЛОВИЕ
к русскому изданию

Получив экземпляр первого издания романа «Алхимик», выпущенного издательством «София», я испытал искреннюю радость. В течение целого ряда лет читатели-энтузиасты в России пытались распространять книгу самостоятельно — размещали в Интернете, передавали друг другу в виде книжек-самоделок, изготавливали фотокопии текста, который вы сейчас держите в руках. Однако, несмотря на все усилия, до сих пор никак не удавалось, в силу различных обстоятельств, добиться грамотного продвижения «Алхимика» на книжный рынок.

И вот наконец нашлось издательство, которое отважилось издать эту книгу и, преодолев все трудности, заняться профессиональным распространением «Алхимика» на российском рынке. Ключевое понятие, которое лежит в основе повествования о путешествии пастуха Сантьяго, — это понятие «Своя Судьба». Что же такое Своя Судьба? Это наше высшее предназначение, путь, уготованный нам Господом здесь, на Земле. Всякий раз, когда мы делаем что-то с радостью и удовольствием, это означает, что мы следуем Своей Судьбе. Однако не всем достает мужества идти по этому пути, добиваясь встречи со своей заветной мечтой.

Почему же не у всех сбываются желания и мечты?

Этому мешают четыре препятствия. Первое состоит в том, что человеку с раннего детства внушают, что то, чего он в жизни больше всего желает, просто неосуществимо. С этой мыслью он вырастает, и с каждым прожитым годом его душа все больше обрастает коростой многочисленных предрассудков и страхов, переполняется чувством вины. И однажды наступает момент, когда желание следовать Своей Судьбе оказывается погребенным под тяжестью этого груза, и тогда человеку начинает казаться, что он окончательно утратил ощущение своего высшего предназначения. Хотя на самом деле оно, разумеется, по-прежнему живет в его душе.

Если человеку все же хватит мужества извлечь свою мечту из недр души и не отказаться от борьбы за ее осуществление, его ожидает следующее испытание: любовь. Он знает, чего хотел бы добиться или испытать в жизни, но боится, что, если бросит все и последует за своей мечтой, он тем самым причинит боль и страдания своим близким. Это значит, что человек не понимает, что любовь не преграда, она не мешает, а, наоборот, помогает идти вперед. И тот, кто действительно желает ему добра, всегда готов пойти ему навстречу, постараться понять и поддержать его в пути.

Когда человек осознает, что любовь не преграда, а подмога в пути, его подстерегает третье препятствие: страх неудач и поражений. Тот, кто борется за свою мечту, сильнее других страдает, когда у него что-то не получается, поскольку он не вправе прибегнуть к известной отговорке вроде «ну и ладно, не очень-то и хотелось». Как раз ему-то очень хочется, и он сознает, что на карту поставлено все. Он сознает и то, что путь, который определен Своей Судьбой, так же труден, как и любой другой, с той лишь разницей, что «там и будет сердце твое». Поэтому Воин Света должен обладать терпением, столь необходимым ему в трудные моменты жизни, и всегда помнить, что вся Вселенная способствует тому, чтобы его желание осуществилось, пусть даже самым непостижимым для него образом.

Вы спросите: а так ли необходимы поражения?

Необходимы они или нет, они случаются. Когда человек только начинает бороться за свои мечты и желания, он, по неопытности, совершает множество ошибок. Но в том-то и смысл бытия, чтобы семь раз упасть и восемь подняться на ноги.

В таком случае, спросите вы, зачем же нам следовать Своей Судьбе, если из-за этого нам предстоит страдать сильнее, чем всем остальным?

Затем, что, когда неудачи и поражения останутся позади — а в конце концов они непременно остаются позади, — мы познаем ощущение полного счастья и станем больше доверять самим себе. Ведь в глубине души мы верим, что достойны того, чтобы с нами произошло нечто необыкновенное. Каждый день, каждый час нашей жизни — это момент Славного Сражения. Постепенно мы научимся радостно воспринимать и наслаждаться каждым мгновением жизни. Сильное страдание, которое может обрушиться на нас нежданно-негаданно, проходит быстрее, нежели менее интенсивное, которое кажется нам более терпимым: такое страдание может длиться годами, оно постепенно и незаметно для нас начинает разъедать нашу душу, пока неодолимое чувство горечи не поселится в ней окончательно, до последних дней омрачив нашу жизнь.

Итак, когда человек извлек свою мечту со дна души и многие годы питал ее силой своей любви, не замечая рубцов и шрамов, оставшихся на сердце после многотрудной борьбы за ее воплощение, он вдруг начинает замечать, что то, чего он так долго желал, уже совсем близко и вот-вот осуществится — возможно, уже завтра. Именно на этом этапе его ожидает последнее препятствие: страх перед исполнением мечты всей его жизни.

Как писал Оскар Уайльд, «люди всегда разрушают то, что любят сильнее всего». И это действительно так. Само сознание, что вот-вот сбудется то, о чем человек мечтал всю жизнь, случается, наполняет его душу чувством вины.

Оглядываясь вокруг, он видит, что многим так и не удалось добиться желаемого, и тогда он начинает думать, что и он тоже этого не достоин. Человек забывает, сколько ему довелось пережить, перестрадать, чем пришлось пожертвовать во имя своей мечты. Мне доводилось встречать людей, которые, следуя Своей Судьбе, оказывались буквально в двух шагах от заветной цели, к которой стремились всей душой, но в последний момент делали массу глупостей и в результате их цель, до которой, казалось, было подать рукой, так и оставалась недостижимой.

Из всех четырех это препятствие самое коварное, поскольку оно как бы овеяно некой аурой святости — эдакого отречения от радости свершения и плодов победы. И только когда человек осознает, что достоин того, за что он так страстно боролся, он становится орудием в руках Господа, и ему открывается смысл его пребывания здесь, на Земле.

Обо всем об этом, в символической форме, и повествует роман «Алхимик».

Пауло Коэльо
июль 2000 г.

ПРЕДИСЛОВИЕ

Считаю своим долгом предуведомить читателя, что «Алхимик» — книга символическая, чем и отличается от «Дневника Мага», где нет ни слова вымысла.

Одиннадцать лет жизни я отдал изучению алхимии. Уже одна возможность превращать любой металл в золото или найти Эликсир Бессмертия достаточно соблазнительна для всякого, кто делает первые шаги в магии. Моим воображением, признаюсь, в особенности завладел эликсир, ибо пока я не осознал и не прочувствовал существования Бога, сама мысль о том, что когда-нибудь все закончится навсегда, казалась мне непереносимой. Так что, узнав о возможности создать некую жидкость, способную на многие-многие годы продлить наше земное бытие, я решил всецело посвятить себя ее изготовлению.

Это было в начале семидесятых, накануне последовавших затем глубоких преобразований, когда еще не было серьезных работ по оккультным наукам. Подобно одному из героев этой книги, я тратил все свои скудные средства на приобретение книг по алхимии, изданных за границей, и все свое время — на изучение их сложного символического языка. В Рио-де-Жанейро мне удалось разыскать нескольких ученых, всерьез занимавшихся Великим Творением, но от встречи со мной они уклонились. Познакомился я и с той публикой, представители которой именуют себя алхимиками, владеют соответствующими лабораториями и готовы открыть каждому тайны своего искусства, — только, разумеется, за баснословные деньги; сейчас для меня совершенно очевидно, что на самом деле они ровным счетом ничего не смыслят в том, в чем считают себя знатоками.

Мое усердие и рвение уходили впустую. Мне не удавалось ничего из того, о чем на своем замысловатом языке твердили учебники алхимии, пестрящие символами на каждом шагу — солнцами, лунами, драконами и львами. И мне постоянно казалось, что я двигаюсь не в том направлении: ведь сам по себе символический язык открывает широчайший простор для неправильных толкований. В 1973 году, в отчаянии оттого, что не продвинулся в своих штудиях ни на пядь, я совершил некий чрезвычайно легкомысленный поступок. В ту пору Управление образования в штате Мату-Гроссу пригласило меня вести занятия по театральному искусству, и я решил поставить в студенческом театре-студии спектакль на тему Изумрудной Скрижали с участием моих студентов. Даром мне это не прошло, и подобные эксперименты вкупе с иными моими попытками утвердиться на зыбкой почве магии привели к тому, что уже через год я мог на собственной шкуре убедиться в правдивости поговорки «сколько веревочке ни виться, а конец будет».

Следующие шесть лет всё, что имело отношение к мистике, вызывало у меня лишь скептическую ухмылку. В этом внутреннем изгнанничестве я сделал для себя несколько важных выводов: мы принимаем ту или иную истину лишь после того, как вначале всей душой ее отвергнем; не стоит бежать от собственной судьбы — все равно не уйдешь; Господь взыскивает строго, но и милость Его безгранична.

В 1981 году в мою жизнь вошел Рама — Учитель, которому суждено было вернуть меня на прежнюю стезю. В дополнение к тем знаниям, которые я от него получал, я вновь, на собственный страх и риск взялся изучать алхимию. Однажды вечером, после изнурительного телепатического сеанса, я спросил, почему алхимики выражаются так сложно и так расплывчато.

— Существует три типа алхимиков, — ответил он. — Одни тяготеют к неопределенности, потому что сами не владеют своим предметом. Другие знают его, но знают также и то, что язык алхимии направлен к сердцу, а не к рассудку.

— А третьи? — спросил я.

— Третьи — это те, кто и не слышал об алхимии, но кто сумел всей своей жизнью открыть Философский Камень.

И после этого мой Учитель, относившийся ко второму типу, решил давать мне уроки алхимии. Вскоре я понял, что ее символический язык, столько раз сбивавший меня с толку и так меня раздражавший, — это единственный путь постичь Душу Мира, или то, что Юнг называл «коллективным бессознательным». Я открыл Свой Путь и Знаки Бога — те знаки истины, которые мой интеллект прежде отказывался принимать по причине их простоты. Я узнал, что задача достичь Великого Творения не есть удел горстки избранных: она адресована всему человечеству, населяющему эту планету. Не всегда, разумеется, Великое Творение предстает перед нами в видс яйца и флакона с жидкостью, но каждый из нас несомненно способен открыть Душу Мира и погрузиться в нее.

Вот почему «Алхимик» — книга символическая, и на ее страницах я не только излагаю все, что усвоил по этому вопросу, но и пытаюсь воздать должное тем великим писателям, которые смогли овладеть Всеобщим Языком: Хемингуэю, Блейку, Борхесу (сходный эпизод есть в одном из его рассказов, где действие происходит в средневековой Персии), Мальбу Тагану и другим.

В завершение чересчур, может быть, пространного предисловия и чтобы пояснить, кого относил мой Учитель к алхимикам третьего типа, приведу историю, которую он же поведал мне как-то в лаборатории.

Однажды Пречистая Дева с младенцем Христом на руках спустилась на землю и посетила некую монашескую обитель. Исполненные гордости монахи выстроились в ряд: каждый по очереди выходил к Богоматери и показывал в ее честь свое искусство: один читал стихи собственного сочинения, другой демонстрировал глубокие познания Библии, третий перечислил имена всех святых. И так каждый из братии, в меру сил своих и дарований, чествовал Деву и младенца Иисуса.

Последним среди них был смиренный и убогий монашек, который не мог даже затвердить наизусть тексты Священного Писания. Родители его были люди неграмотные, — бродячие циркачи, — и сына они только и научили, что жонглировать шариками и показывать всякие нехитрые фокусы.

Когда дошел черед до него, монахи хотели прекратить церемонию, ибо бедный жонглер ничего не мог сказать Пречистой Деве, а вот опозорить обитель мог вполне. Но он всей душой чувствовал настоятельную необходимость передать Деве и Младенцу какую-то частицу себя.

И вот, смущаясь под укоризненными взглядами братии, он достал из кармана несколько апельсинов и принялся подбрасывать их и ловить, то есть делать то единственное, что умел, — жонглировать.

И только в эту минуту на устах Христа появилась улыбка, и он захлопал в ладоши. И только бедному жонглеру протянула Пречистая Дева своего сына, доверив подержать его на руках.

Автор

Посвящается Ж.

— Алхимику, который познал тайну Великого Творения.

В продолжение пути их пришел Он в одно селение; здесь женщина, именем Марфа, приняла Его в дом свой;

у нее была сестра, именем Мария, которая села у ног Иисуса и слушала слово Его.

Марфа же заботилась о большом угощении и, подойдя, сказала: Господи! или Тебе нужды нет, что сестра моя одну меня оставила служить? скажи ей, чтобы помогла мне.

Иисус же сказал ей в ответ: Марфа! Марфа! ты заботишься и суетишься о многом,

а одно только нужно; Мария же избрала благую часть, которая не отнимется у нее.

Евангелие от Луки, 10:38—42

ПРОЛОГ

Алхимик взял в руки книгу, которую принес кто-то из путников. Книга была без обложки, но имя автора он нашел — Оскар Уайльд — и, перелистывая ее, наткнулся на историю о Нарциссе.

Миф о прекрасном юноше, который днями напролет любовался своим отражением в ручье, Алхимику был известен: Нарцисс до того загляделся, что в конце концов упал в воду и утонул, а на берегу вырос цветок, названный в его память.

Но Оскар Уайльд рассказывал эту историю по-другому.

«Когда Нарцисс погиб, нимфы леса — дриады — заметили, что пресная вода в ручье сделалась от слез соленой.

— О чем ты плачешь? — спросили дриады.

— Я оплакиваю Нарцисса, — отвечал ручей.

— Не удивительно, — сказали дриады. — В конце концов, мы ведь всегда бежали за ним вслед, когда он проходил по лесу, а ты — единственный, кто видел его красоту вблизи.

— А он был красив? — спросил тогда ручей.

— Да кто же лучше тебя может судить об этом? — удивились лесные нимфы. — Не на твоем ли берегу, склонясь над твоими водами, проводил он дни от зари до ночи?

Ручей долго молчал и наконец ответил:

— Я плачу по Нарциссу, хотя никогда не замечал, что он — прекрасен. Я плачу потому, что всякий раз, когда он приходил на мой берег и склонялся над моими водами, в глубине его глаз отражалась *моя* красота».

«Какая чудесная история», — подумал Алхимик.

ЧАСТЬ ПЕРВАЯ

Юношу звали Сантьяго. Уже начинало смеркаться, когда он вывел своих овец к заброшенной полуразвалившейся церкви. Купол ее давно просел и стал руиной, а на том месте, где была когда-то ризница, вырос огромный сикомор.

Там и решил заночевать Сантьяго, загнал через обветшавшую дверь своих овец и обломками досок закрыл выход, чтобы стадо не выбралось наружу. Волков в округе не было, но овцы порой разбредались, так что целый день приходилось тратить на поиски какой-нибудь заблудшей овечки.

Сантьяго расстелил на полу куртку, под голову подложил книгу, которую недавно закончил читать, и улегся. А перед тем как заснуть, подумал, что надо бы брать с собой книги потолще — и читаешь их дольше, и в качестве подушек они удобнее. Он проснулся, когда было еще темно, и над ним сквозь прорехи в остатках кровли сияли звезды.

«Еще бы поспать», — подумал Сантьяго.

Ему приснился тот же сон, что и на прошлой неделе, и опять он не успел досмотреть его до конца.

Он поднялся, выпил глоток вина. Взял свой посох и стал расталкивать спящих овец. Однако большая их часть проснулась в тот самый миг, когда и он открыл глаза, будто какая-то таинственная связь существовала между ним и овцами, с которыми он уже два года бродил с места на место в поисках воды и корма. «Так привыкли ко мне, что усвоили все мои привычки, — пробормотал он. — Знают даже мой распорядок дня».

Поразмыслив над этим еще немного, он сообразил, что, может быть, дело обстоит как раз наоборот — это он изучил *их* привычки и научился применяться к овечьему распорядку.

Однако иные овцы вставать не спешили, как ни подталкивал их Сантьяго кончиком посоха, окликая каждую по имени. Он вообще был уверен, что они отлично понимают все, что он им говорит, и потому иногда читал овцам вслух то, что ему особенно нравилось в книжках, или рассказывал, как одинока жизнь пастуха, как мало в ней радостей, или делился с ними новостями, услышанными в городах и селениях, по которым ему случалось проходить.

Впрочем, в последнее время говорил юноша только об одном: о девушке, дочке торговца, жившей в том городе, куда он должен был прийти через четыре дня. Видел он ее лишь однажды, в прошлом году. Лавочник, торговавший сукном и шерстью, любил, чтобы овец стригли прямо у него на глазах — так будет без обмана. Кто-то из приятелей Сантьяго указал ему эту лавку, и он пригнал туда своих овец.

«Хочу продать шерсть», — сказал он тогда лавочнику.

У прилавка толпился народ, и хозяин попросил пастуха подождать до обеда. Сантьяго согласился, сел на тротуар и достал из заплечной котомки книжку.

— Вот не знала, что пастухи умеют читать, — раздался вдруг рядом женский голос.

Подняв голову, он увидел девушку — истую андалусийку по виду: волосы длинные, черные, гладкие, а глаза такие, как у мавров, покоривших в свое время Испанию.

— Пастухам незачем читать: овцы научат большему, чем любая книга, — отвечал ей Сантьяго.

Так слово за слово они разговорились и провели в беседе целых два часа. Девушка рассказала, что приходится лавочнику дочерью, что жизнь у нее скучная и дни похожи один на другой как две капли воды. А Сантьяго рассказал ей о полях Андалусии, о том, что слышал в больших городах, по которым пролегал его путь. Он рад был собеседнице — не все же с овцами разговаривать.

— А где ты выучился читать? — спросила она.

— Где все, там и я, — ответил юноша. — В школе.

— Отчего же ты, раз обучен грамоте, пасешь овец?

Вместо ответа Сантьяго заговорил о другом: уверен был, что она все равно его не поймет. Он все рассказывал ей о своих странствиях, и ее мавританские глаза то широко раскрывались, то щурились от удивления. Время текло незаметно, и Сантьяго хотелось, чтобы день этот никогда не кончался, чтобы лавочника осаждали покупатели и стрижки ждать пришлось бы дня три. Никогда прежде не случалось ему испытывать такого, как в эти минуты; ему хотелось остаться здесь навсегда. С этой черноволосой девушкой дни не были бы похожи как две капли воды.

Но тут из лавки вышел ее отец и отобрал для стрижки четырех из стада. Затем заплатил сколько положено и сказал:

— Приходи через год.

И вот теперь до назначенного срока оставалось всего четыре дня. Юноша радовался предстоящей встрече и в то же время тревожился: а вдруг девушка его уже позабыла? Много ведь пастухов гонит через их городок свои стада.

— Ну и пусть, — сказал он своим овцам. — Велика важность. И в других городах найдутся девчонки.

Но в глубине души он знал, что важность и в самом деле очень велика. И у пастухов, и у моряков, и у странствующих торговцев всегда есть один заветный город, где живет та, ради которой можно пожертвовать радостью свободно бродить по свету.

Уже совсем рассвело, и Сантьяго погнал отару в ту сторону, откуда поднималось солнце.

«Хорошо овцам, — думал он, — ничего не нужно решать. Может быть, поэтому они и жмутся ко мне».

Им вообще ничего не нужно — были бы вода и трава под ногами. И покуда он знает лучшие в Андалусии пастбища, овцы будут его лучшими друзьями. Пусть дни не отличить один от другого, пусть время от восхода до заката тянется бесконечно, пусть за всю свою короткую жизнь они не прочли ни единой книги и не понимают языка, на котором люди в городках и селах пересказывают друг другу новости, — они будут счастливы, покуда им хватает воды и травы. А за это они щедро отдают человеку свою шерсть, свое общество и — время от времени — свое мясо.

«Стань я сегодня диким зверем и начни убивать их одну за другой, они поняли бы что к чему лишь после того, как я перебил бы большую часть отары, — думал Сантьяго. — Они больше доверяют мне, чем собственным своим инстинктам, и только потому, что я веду их туда, где они найдут пропитание».

Он сам удивился тому, какие мысли лезут ему сегодня в голову. Может, это оттого, что на церкви, где в ризнице вырос сикомор и где он провел ночь, висит проклятие? Вначале ему приснился сон, который он уже видел однажды, а теперь вот поднялась злоба на верных спутниц. Он глотнул вина, оставшегося после ужина, и плотнее запахнул куртку. Он знал, что всего через несколько часов, когда солнце достигнет зенита, начнется такая жара, что не под силу будет гнать овец через пустоши. В этот час спит вся Испания. Зной спадет лишь под вечер, а до этого весь день предстоит таскать на плечах тяжелую куртку. Но ничего не поделаешь: именно она спасает от холода, который царит на рассвете.

«Лучше быть готовым к сюрпризам погоды», — думал Сантьяго с чувством благодарности к куртке за то, что она такая тяжелая и теплая. В общем, как у нее свое предназначение, так у Сантьяго — свое. Предназначение его жизни — путешествовать, и за два года странствий по плоскогорьям и равнинам Андалусии он побывал во всех ее городах и селениях. Сантьяго собирался на этот раз объяснить дочке суконщика, как это так получилось, что простой пастух знает грамоту.

А дело было в том, что, пока ему не исполнилось шестнадцать, он учился в семинарии. Его родители мечтали, чтобы он стал священником — гордостью простой деревенской семьи. Они тяжело трудились, и все ради лишь пропитания, подобно овцам.

В семинарии Сантьяго изучал латынь, испанский и богословие. Однако с детства обуревавшая его тяга к познанию мира пересилила стремление познать Бога или изучить досконально грехи человеческие. И однажды, навещая родителей, он набрался храбрости и сказал, что священником быть не хочет. Он хочет путешествовать.

— Сын мой, — сказал ему на это отец, — кто только ни побывал в нашей деревне. Люди со всего света приходят сюда в поисках чего-то нового, но уходят, оставаясь такими же, как были. Они взбираются на гору, чтобы увидеть замок, и обнаруживают, что прошлое лучше настоящего. У них могут быть светлые волосы или темная кожа, но они ничем не отличаются от наших односельчан.

— Однако я-то не знаю, какие замки в тех краях, откуда они родом, — возразил Сантьяго.

— Когда эти люди видят нашу землю и наших женщин, они говорят, что хотели бы остаться здесь навсегда, — продолжал отец.

— А я хочу повидать другие земли, посмотреть на других женщин. Ведь эти люди никогда не остаются у нас.

— Для путешествий нужны большие деньги. А из нашего брата не сидят на одном месте только пастухи.

— Что ж, тогда стану пастухом, — сказал Сантьяго.

Отец ничего не ответил, а наутро вручил ему кошелек с тремя старинными золотыми:

— В поле однажды нашел. Считай, с неба упали. Купи себе отару овец и ступай бродить по свету, пока не поймешь, что наш замок самый главный, а краше наших женщин нет нигде.

И когда он благословлял сына, тот по глазам его понял, что и отца, несмотря на годы, неодолимо влекут странствия, как ни старался он заглушить эту тягу, утешаясь благами оседлой жизни: обеспеченным пропитанием и крышей над головой.

Небо на горизонте уже наливалось багрянцем, а потом взошло солнце. Вспомнив сказанное отцом, Сантьяго развеселился: он уже повидал множество замков и множество красавиц, из которых, впрочем, ни одна не могла сравниться с той, с которой через два дня он встретится вновь. У него есть отара овец, и куртка, и книга, которую всегда можно обменять на другую. А самое главное — исполняется самая его заветная мечта: он путешествует. А когда ему наскучат равнины и поля Андалусии, всегда можно продать овец и отправиться в матросы. А если когда-нибудь надоест плавать, к тому времени он узнает другие города, других женщин, другие способы быть счастливым.

«Не знаю, как бы мне удалось найти Бога в семинарии», — подумал Сантьяго, глядя на восходящее светило.

В своих странствиях он всегда предпочитал следовать по неизведанному пути. И в этой церкви ему еще ни разу не случалось ночевать, хотя в здешних краях бывал он часто. Мир огромен и неисчерпаем, и стоило Сантьяго хоть ненадолго предоставить овцам самим выбирать дорогу, на ней непременно встречалось что-нибудь интересное. Только вот сами они не понимают, что каждый день находят новые пути, что меняются пастбища и времена года: в голове у овец только пропитание.

«Может быть, и мы такие же, — думал пастух. — Ведь я и сам ни разу не подумал о других женщинах с тех пор, как познакомился с дочкой суконщика».

Он взглянул на небо, прикинул — выходило, что он еще до обеда будет в Тарифе. Там надо бы обменять книгу на какую-нибудь другую, потолще, наполнить флягу вином, побриться и постричься, чтобы как следует подготовиться к встрече с дочкой суконщика. О том, что его уже мог опередить какой-нибудь другой пастух, он старался не думать.

«Жизнь тем и интересна, что в ней сны могут стать явью», — думал Сантьяго, поглядывая на небо и прибавляя шагу.

Он вспомнил, что в Тарифе живет старуха, которая умеет толковать сны. Вот пусть и расскажет, что значит этот самый сон, приснившийся ему уже дважды.

Старуха провела гостя в заднюю комнату, отделенную от столовой занавесом из разноцветных пластмассовых бус. В комнате стояли стол и два стула, а на стене висело изображение Сердца Христова.

Хозяйка усадила Сантьяго, села напротив и, взяв его за обе руки, для начала вполголоса прочитала молитву.

Похоже, что молитва была цыганская. Пастуху часто встречались цыгане — они, хоть овец и не пасли, тоже бродили по свету. А люди говорили, что живут они обманом, что продали душу дьяволу, что воруют детей, и те потом становятся в их таборах невольниками. Сантьяго сам в детстве до смерти боялся, что его украдут цыгане, и теперь, когда старуха взяла его за руки, этот страх вновь в нем проснулся.

«Но ведь здесь — святое Сердце Иисусово», — подумал он, стараясь успокоиться и унять невольную дрожь. Ему не хотелось, чтобы старуха что-нибудь заметила. Для верности он прочитал про себя «Отче наш».

— Очень интересно, — не сводя глаз с линий его руки, пробормотала старуха и вновь погрузилась в молчание.

Юноша еще больше забеспокоился. Дрожь передалась в руки, и он их поспешно отнял.

— Я не за тем пришел, чтобы ты мне гадала по руке, — сказал он, начиная жалеть, что вообще переступил порог этого дома: не лучше ли заплатить, сколько скажут, да и убраться отсюда поскорее. Всего-то, можно подумать, какой-то сон, который приснился дважды.

— Знаю. Ты пришел, чтобы я растолковала тебе твой сон, — ответила цыганка. — Сны — это язык, на котором говорит с нами Господь. Когда это один из языков мира, с этого языка я еще могу перевести. Но если Господь обращается к тебе на языке твоей души, лишь тебе одному будет понятно сказанное Им. Деньги, впрочем, я все равно с тебя возьму, раз уж ты пришел за советом.

«Похоже, влип», — подумал Сантьяго, но отступать было некуда. Риск для пастуха — привычное дело: то волки нападут на стадо, то засуха случится. Риск и придает соль его жизни.

— Мне дважды снился один и тот же сон, — сказал он. — Будто я пасу своих овец на лугу, и тут появляется ребенок, хочет с ними поиграть. Я не люблю, когда кто-нибудь подходит к моим овцам: они чужих боятся. Только детей они к себе подпускают без боязни — уж не знаю почему. Не понимаю, как это овцы определяют возраст.

— Рассказывай сон, — перебила старуха. — У меня вон котелок на огне. Денег у тебя немного, а время мое стоит дорого.

— Ребенок играл да играл с овцами, — продолжал, немного смутясь, Сантьяго, — а потом вдруг подхватил меня на руки и перенес к египетским пирамидам.

Он помедлил, засомневавшись, знает ли цыганка, что это такое, но она молчала.

— К египетским пирамидам, — повторил он медленно и раздельно, — и там сказал мне так: «Если снова сюда попадешь, отыщешь спрятанное сокровище». И только захотел он указать мне, где же оно там лежит, как я проснулся. И во второй сон — то же самое.

Старуха долго молчала, потом вновь взяла Сантьяго за обе руки и внимательно вгляделась в ладони.

— Сейчас я с тебя ничего не возьму, — молвила она наконец. — Но если найдешь сокровище, десятая часть — моя.

Юноша рассмеялся от радости — приснившееся сокровище сохранит ему его жалкие гроши. Старуха, верно, и в самом деле цыганка: у цыган, говорят, не все дома.

— Так растолкуй же мой сон, — попросил он.

— Прежде поклянись. Поклянись, что отдашь мне десятую часть сокровища, тогда растолкую.

Пришлось поклясться. Но старуха потребовала, чтобы он повторил клятву на образе Святого Сердца Иисусова.

— Этот сон на Всеобщем Языке, — сказала она. — Я попытаюсь его растолковать, хоть это и очень трудно. Вот за труды я и прошу у тебя десятую часть сокровища. Слушай же: ты должен оказаться в Египте и найти свои пирамиды. Я сама и не слыхала про такое, но раз ребенок показал тебе их, значит, они существуют на самом деле. Вот и отправляйся к ним — там ты найдешь свое сокровище и разбогатеешь.

Сантьяго почувствовал вначале удивление, а потом досаду. Стоило ради такой чепухи разыскивать старуху. Хорошо хоть денег с него не взяла.

— Только время на тебя даром потратил, — сказал он.

— Я предупреждала: сон твой трудно разгадать. Чем необыкновенней что-либо, тем проще оно с виду, и смысл его под силу понять только мудрому. А поскольку я мудростью не отличаюсь, то мне пришлось выучиться другим искусствам — к примеру, гадать по руке.

— Как же я попаду в Египет?

— Это уж не моя печаль. Я умею только толковать сны, а не делать их явью. Иначе разве жила бы я как нищенка, побираясь у собственных дочерей?

— А если я не доберусь до Египта?

— Не доберешься — останусь без твоей платы за мое гаданье. Мне не впервой. А теперь ступай, не о чем нам больше с тобой разговаривать.

Сантьяго вышел от цыганки в сильном разочаровании и решил, что никогда больше снам верить не будет. Тут он вспомнил, что пора и делами заняться: отправился в лавку, купил кое-какой еды, обменял свою книгу на другую, потолще, и уселся на площади на скамейку попробовать нового вина. День был жаркий, и вино волшебным образом охладило юношу.

Овец своих он оставил на окраине городка, в хлеву у своего нового друга. У Сантьяго по всей округе были друзья — он потому и любил странствовать. Заводишь нового друга — и вовсе не обязательно видеться с ним ежедневно. Когда вокруг тебя одни и те же люди — как это было в семинарии, — то как-то само собой получается, что они входят в твою жизнь. А войдя в твою жизнь, они через некоторое время желают ее изменить. А если ты не становишься таким, каким они хотят тебя видеть, — обижаются. Каждый ведь совершенно точно знает, как именно надо жить на свете.

Только свою собственную жизнь никто почему-то наладить не может. Это вроде как старуха цыганка, что толковать сны умеет, а вот сделать их явью — нет.

Сантьяго решил подождать, пока солнце спустится пониже, и тогда уж гнать овец на выпас. Еще три дня до встречи с дочкой суконщика. А пока он взялся за новую книжку, которую выменял у местного священника. Книга была толстая, и на первой же странице описывались чьи-то похороны, и вдобавок имена у героев были такие, что язык сломаешь. «Если я когда-нибудь сочиню книгу, — подумал юноша, — у меня на каждой странице будет новый герой, чтобы читателям не надо было запоминать, кого как зовут».

Едва лишь он углубился в чтение, увлекшись описанием того, как покойника зарывали в снег (Сантьяго самого озноб пробрал, хоть солнце и жгло нещадно), на скамейку подсел какой-то старик и затеял с ним разговор.

— Чем они все занимаются? — осведомился он, указывая на людей на площади.

— Работают, — сухо отвечал юноша, делая вид, что погружен в чтение.

На самом же деле он думал о том, как острижет четырех овечек перед дочкой суконщика, и она увидит, на что он способен. Сантьяго часто рисовал себе эту сцену, всякий раз мысленно объясняя изумленной девице, что овец надлежит стричь от хвоста к голове. Еще он перебирал в памяти разные занятные истории, которыми развлечет ее во время стрижки. Истории эти он вычитал в книгах, но собирался преподнести их так, словно все это происходило с ним самим. Вряд ли она когда-нибудь догадается: читать ведь не умеет.

Старик однако оказался настырным. Сообщив, что утомился и хочет пить, он попросил глоток вина. Сантьяго протянул флягу, про себя надеясь этим отделаться.

Не тут-то было — старик желал начать беседу. Вернув флягу, он спросил, что за книгу читает юноша. Сантьяго захотелось просто пересесть на другую скамейку, но отец всегда учил его быть вежливым со старшими, и потому он молча протянул книгу соседу: вдруг тот знает, как правильно произносится ее название. Если же старик неграмотный, то сам от него отстанет, чтобы избежать неловкости.

— Гм... — сказал старик, оглядев ее со всех сторон, словно вообще впервые видел такой странный предмет. — Хорошая книга, о важных вещах, только уж больно скучная.

Сантьяго удивился: старик, оказывается, не только умеет читать, но даже прочел именно эту книгу. Что ж, если она и вправду скучная, еще есть время обменять ее на другую.

— Она о том, о чем почти все книги, — продолжал старик. — О том, что человек не в силах сам выбрать свою судьбу. Вся эта книга только ради того, чтобы все поверили в величайшую на свете ложь.

— Какая это величайшая на свете ложь? — удивился Сантьяго.

— А вот такая: в какое-то мгновение наша жизнь становится нам неподвластна, и ею начинает управлять судьба. Совершеннейшая ложь.

— Мне это, кажется, понять трудно, — сказал Сантьяго. — Меня вот, например, хотели сделать священником, а я ушел в пастухи.

— Вот и хорошо, — кивнул старик. — Ты ведь любишь странствовать.

«Словно читает мои мысли», — подумал юноша.

Старик тем временем не спеша листал толстую книгу, как будто вообще не собираясь ее возвращать. Только сейчас Сантьяго заметил, что на старике арабский бурнус — впрочем, ничего особенного в этом не было: Тарифу от африканского побережья отделяет лишь узкий пролив, который можно пересечь за несколько часов. Арабы часто появляются в городке — что-то покупают и несколько раз в день творят свои странные молитвы.

— Вы откуда будете? — спросил он старика.

— Отовсюду.

— Так не бывает, — возразил юноша. — Никто не может быть отовсюду. Я вот, например, пастух, брожу по всему свету, но родом-то я из одного места, из городка, где на горе старинный замок. В том городке я родился.

— Ну, в таком случае я родился в Салиме.

Сантьяго не знал, где это — Салим, но спрашивать не стал, чтобы не позориться. Он уставился на площадь, по которой с озабоченным видом сновали прохожие.

— Ну и как там, в Салиме?

— Как всегда.

Ухватиться было не за что. Ясно было только, что город этот не в Андалусии, иначе он бы его знал.

— А чем вы там занимаетесь?

— Чем занимаюсь? — Старик раскатисто расхохотался. — Я им правлю. Я — царь Салима.

«Какую чушь иногда несут люди, — подумал юноша. — Право, лучше уж общаться с бессловесными овцами, которым бы только есть да пить. Или книги читать — они рассказывают невероятные истории, и именно тогда, когда хочется их услышать. А вот с людьми хуже: брякнут что-нибудь, а ты сидишь как оплеванный, не зная, что же сказать в ответ».

— Зовут меня Мельхиседек, — промолвил старик. — Сколько у тебя овец?

— Достаточно, — уклончиво ответил Сантьяго.

— В самом деле? Значит, моя помощь тебе не нужна, раз ты считаешь, что овец у тебя достаточно.

Юноша рассердился всерьез. Ни о какой помощи он не просил. Это старик попросил сначала вина, потом взглянуть на книгу, а потом с ним еще и разговаривай.

— Книжку верните, — сказал он. — Мне пора трогаться в путь.

— Дашь мне десятую часть своей отары — научу, как тебе добраться до сокровища.

Юноше вдруг все стало ясно. Старуха цыганка ничего с него не взяла, так что старик — это, наверное, ее муж, тоже цыган, специально ею подослан, чтобы наплести с три короба и выманить денег побольше.

Но, прежде чем Сантьяго успел произнести хоть слово, старик подобрал веточку и принялся что-то чертить на песке. Когда он наклонился, у него на груди что-то сверкнуло до того ярко, что юноша на мгновение ослеп. Однако не по годам проворным движением старик запахнул свое одеяние, а когда к Сантьяго вернулось зрение, он увидел начертанное стариком у себя под ногами.

На песке, покрывавшем главную площадь маленького городка, он прочел имена своих родителей и историю всей своей жизни вплоть до этой самой минуты — прочел свои детские игры и холодные семинарские ночи. Он прочел имя дочки лавочника, которое узнал впервые. Он прочел то, чего никогда никому не рассказывал: как однажды

взял без спросу отцовское ружье, чтобы поохотиться на оленей, и как в первый и единственный раз в жизни переспал с женщиной.

«Я — царь Салима», — вспомнилось ему.

— Почему царь разговаривает с пастухом? — смущенно и робко спросил Сантьяго.

— Причин тому несколько, но самая главная та, что ты способен следовать своей Судьбе.

— Что это за Судьба? — спросил юноша.

— Все люди, пока они еще молоды, знают свою Судьбу. И в этот период жизни все понятно и все возможно. Они не боятся мечтать и стремиться ко всему тому, что им хотелось бы делать. Но с течением времени таинственная сила принимается их убеждать в том, что добиться воплощения их Судьбы невозможно.

Сантьяго не очень-то тронули слова старика, но «таинственной силой» он заинтересовался — дочка лавочника разинет рот, когда услышит про такое.

— Сила эта кажется недоброжелательной, но в действительности она указывает человеку на то, как воплотить свою Судьбу. Она готовит к этому его дух и его волю. На этой планете существует одна великая истина: независимо от того, кем ты являешься и что делаешь, когда ты по-настоящему чего-то желаешь, ты достигнешь этого, ведь такое желание зародилось в душе Вселенной. И это и есть твое предназначение на Земле.

— Даже если я хочу всего-навсего бродить по свету или жениться на дочке лавочника?

— Или отыскать сокровище. Душа Мира питается счастьем человеческим. Счастьем, но также и горем, завистью, ревностью. У человека одна-единственная обязанность: следовать своей Судьбе до конца. В ней — все. И помни, что, когда ты чего-нибудь хочешь, вся Вселенная будет способствовать тому, чтобы желание твое сбылось.

Какое-то время они молча глядели на площадь и на прохожих. Первым нарушил молчание старик:

— Так почему же ты решил пасти овец?

— Потому что люблю бродить по свету.

Старик указал на торговца воздушной кукурузой, пристроившегося со своей красной тележкой в углу площади.

— В детстве он тоже мечтал о странствиях. Однако потом предпочел торговать кукурузой, копить да откладывать деньги. Потом, когда он состарится, проведет месяц в Африке. Ему не дано понять, что у человека всегда есть все, чтобы осуществить свою мечту.

— Лучше бы он пошел в пастухи, — сказал Сантьяго.

— Он подумывал об этом. Но потом решил, что лучше заняться торговлей. У торговцев есть крыша над головой, а пастухи ночуют в чистом поле. И у невест родители предпочитают, чтобы зять был торговцем, а не пастухом.

Сантьяго вспомнил о дочке суконщика и почувствовал укол в сердце. Наверняка и в том городке, где она живет, кто-то бродит с красной тележкой.

— Вот и получается, что мнение людей о пастухах и торговцах кукурузой оказывается важней, чем свой Путь.

Старик еще полистал книгу и, похоже, зачитался. Сантьяго долго ждал, а потом все-таки решил отвлечь старика, — ведь раньше и тот отвлек его от книги:

— А почему вы со мной об этом говорите?

— Потому что ты пытался следовать своей Судьбе. Но сейчас готов от нее отступиться.

— И вы всегда появляетесь в такую минуту?

— Всегда. Причем могу представать и в другом обличье. Иногда в виде правильного решения, иногда в виде удачной мысли. Иногда, в переломный момент, я подсказываю выход из затруднительного положения. Всего не упомнишь. Но обычно люди моего появления не замечают.

И старик рассказал, что на прошлой неделе ему пришлось появиться перед одним старателем в образе камня. Когда-то этот человек все бросил и отправился добывать изумруды. Пять лет трудился он на берегу реки и расколол 999 999 камней в поисках хотя бы одного драгоценного. И тут отчаялся и решил отказаться от своей мечты, а ведь ему оставался всего-навсего один камень — и он нашел бы свой изумруд. Тогда старик решил вмешаться и прийти на помощь старателю, который так упорно шел своим Путем. Он обернулся камнем, подкатился ему под ноги, но старатель, разозленный и отчаявшийся от пяти лет бесплодных усилий, отшвырнул его от себя, пнув ногой. Однако вложил в удар такую силу, что камень, отлетев, стукнулся о другой, расколол его, и на солнце засверкал прекраснейший в мире изумруд.

— Люди слишком рано узнают, как им кажется, в чем смысл их жизни, — сказал старик, и Сантьяго заметил в его глазах печаль. — Может быть, поэтому они столь же рано от него отказываются. Так уж устроен мир.

Тут юноша вспомнил, что разговор у них начался с сокровища.

— Сокровища выносятся на поверхность земли ручьями и реками, они же и хоронят их в недрах земли, — сказал старик. — А если хочешь узнать подробней о своем сокровище — отдай мне каждую десятую овцу в твоем стаде.

— А может, лучше десятую часть того, что найду?

— Посулить то, чем не обладаешь, — значит рисковать самим правом на обладание, — укоризненно произнес старик.

Тогда Сантьяго сказал, что десятую часть своего стада он уже обещал цыганке.

— Цыгане знают, как добиться своего, — вздохнул старик. — Как бы то ни было, тебе полезно узнать, что все на свете имеет свою цену. Именно этому пытаются учить Воины Света. — Он протянул Сантьяго книгу. — Завтра в это же время ты пригонишь мне десятую часть своего стада. Тогда я расскажу, как найти сокровище.

И он исчез за углом.

Сантьяго вновь взялся было за книгу, но чтение не шло — ему никак не удавалось сосредоточиться. Он был взбудоражен разговором со стариком, потому что чувствовал: тот говорил правду. Юноша подошел к лотку и купил пакетик кукурузы, размышляя, сказать ли торговцу, что говорил о нем старик, и решил, что не стоит.

«Иногда лучше все оставить как есть», — подумал он. Скажешь — и торговец, который так привык к своему красному лотку на колесах, суток трое будет думать, не бросить ли ему все. «Избавлю его от этой муки».

И Сантьяго зашагал по улицам куда глаза глядят, пока не оказался в порту, перед маленькой будочкой с окошком. Там продавали билеты на пароходы в Африку. Ведь именно в Африке Египет.

— Что вам угодно? — спросил кассир.

— Может быть, завтра куплю у вас билет, — ответил ему Сантьяго и отошел.

Всего одну овечку продать — и ты уже в Африке. Эта мысль его смутила. А кассир сказал своему помощнику:

— Еще один мечтатель. Хочет путешествовать, а в кармане пусто.

Пока Сантьяго стоял перед окошечком кассы, ему вспомнились его овцы, и вдруг страшно захотелось вернуться к ним. Целых два года овладевал он искусством пастуха и достиг в нем совершенства — умел и остричь овцу, и помочь ей произвести на свет ягненочка, и от волков защитить. Знал как свои пять пальцев все пастбища Андалусии, знал и точную цену любой из своих овец.

В хлев, где его дожидалось стадо, он двинулся самой длинной дорогой. В этом городе тоже был свой замок, и юноша решил подняться по откосу и посидеть на крепостной стене. Оттуда видна была Африка. Кто-то ему когда-то объяснил, что из Африки в незапамятные времена приплыли мавры, надолго покорившие чуть не всю Испанию. Сантьяго терпеть не мог мавров: должно быть, это они и привезли сюда цыган.

Со стены весь город, вместе с рыночной площадью, где они со стариком еще недавно беседовали, был как на ладони.

«Будь проклят час, когда он мне повстречался», — подумал юноша. Ведь всего-то и нужно было, чтобы цыганка растолковала ему сон. Ни она, ни старик вроде бы не придали никакого значения тому, что он пастух. Верно, эти люди — одинокие и во всем изверившиеся — не понимают, что нет пастуха, который бы не был привязан всей душой к своим овцам. А Сантьяго знал про каждую всё и во всех подробностях: та — яловая, та через два месяца принесет потомство, а вон те — самые ленивые. Он умел и стричь их, и резать. Если он решится уехать, они без него затоскуют и будут как потерянные.

Поднялся ветер. Он знал этот ветер — люди называли его «левантинцем», потому что это он вздымал паруса мавров, пришедших из Леванта, из восточной части Средиземного моря. Юноша, пока не побывал в Тарифе, и не подозревал, что африканское побережье так близко. Опасное соседство — мавры могут нагрянуть снова. Ветер усиливался. «Не разорваться же мне между овечками и сокровищем», — подумал Сантьяго. Надо выбирать между тем, к чему привык, и тем, к чему тянет. А ведь есть еще и дочка лавочника, но овцы важнее, потому что они зависят от Сантьяго, а она — нет. Да и помнит ли она его? Юноша был уверен: она и не заметит, если он не появится перед ней через два дня, потому что все дни казались ей одинаковыми, а когда один день похож на другой, люди перестают замечать то хорошее, что происходит в их жизни каждый день после восхода солнца.

«Я оставил отца, и мать, и замок возле моей родной деревни, — думал он. — Они привыкли жить в разлуке, и я привык. Стало быть, и овцы привыкнут, что меня нет».

Он снова оглядел площадь с высоты. Бойко шла торговля воздушной кукурузой; на той скамейке, где он разговаривал со стариком, теперь целовалась парочка.

«Торговец...» — подумал Сантьяго, но докончить мысль не успел — прямо в лицо ударил новый порыв «левантинца».

Ветер не только наполнял паруса завоевателей-мавров, он нес с собой тревожащие душу запахи пустыни, запах женщин под покрывалами, запах пота и мечтаний тех, кто когда-то пустился на поиски неведомого, на поиски золота и приключений. Он приносил и запах пирамид. Юноша позавидовал свободному ветру и почувствовал, что может ему уподобиться. Никто не стоит у него на пути, лишь он сам. Овцы, дочь суконщика, поля Андалусии — все это лишь подступы к своему Пути.

На следующий день к полудню он явился на площадь и пригнал с собой шесть овец.

— Удивительное дело, — сказал он старику. — Мой друг без разговоров купил у меня всю отару и сказал, что всю жизнь мечтал стать пастухом. Хорошее предзнаменование.

— Так всегда бывает, — ответил старик. — Это называется Благоприятное Начало. Если бы ты, к примеру, впервые в жизни сел играть в карты, то выиграл бы почти наверняка. Новичкам везет.

— А почему так происходит?

— Потому что жизнь хочет, чтобы ты следовал своей Судьбе, и возбуждает аппетит вкусом удачи.

Затем старик принялся осматривать овец и обнаружил, что одна из них хромает. Юноша объяснил, что это не имеет значения, так как это самая умная овца во всем стаде и, кроме того, она дает много шерсти.

— Ну, так где же искать сокровища? — спросил он.

— В Египте, возле пирамид.

Сантьяго опешил. То же самое сказала цыганка, только ничего за это с него не взяла.

— Ты найдешь туда путь по тем знакам, которыми Господь отмечает путь каждого в этом мире. Надо только суметь прочесть то, что написано для тебя.

Сантьяго не успел ответить, как между ним и стариком закружилась бабочка. Он вспомнил, что в детстве слышал от деда, будто бабочки приносят удачу. Так же, как сверчки, ящерицы и листики клевера о четырех лепестках.

— Вот именно, — промолвил старик в ответ на его мысли. — Все так, как говорил тебе дед. Это и есть приметы, благодаря которым ты не собьешься с пути.

С этими словами он распахнул на груди свое одеяние, и потрясенный Сантьяго вспомнил, как вчера его ослепил блеск. Неудивительно — старик носил нагрудник литого золота, усыпанный драгоценными камнями. Так он и в самом деле царь, а переоделся для того, должно быть, чтобы не напали разбойники.

— Вот, возьми, — сказал старик и, сняв с нагрудника два камня, белый и черный, протянул их Сантьяго. — Они называются Урим и Туммим. Белый означает «да», черный — «нет». Когда не сумеешь разобраться в *знаках*, они тебе пригодятся. Спросишь — дадут ответ. Но вообще-то, — продолжал он, — старайся принимать решения сам. Ты уже знаешь, что сокровища — у пирамид, а шесть овец я беру за то, что помог тебе принять решение.

Юноша спрятал камни в сумку. Отныне и впредь принимать решения ему придется на свой страх и риск.

— Не забудь, что все на свете одно целое. Не забудь язык знаков. И — самое главное — не забудь, что ты должен до конца следовать своей Судьбе. А теперь я расскажу тебе одну коротенькую историю.

Некий купец отправил своего сына к самому главному мудрецу за секретом счастья. Сорок дней юноша шел по пустыне, пока не увидел на вершине горы великолепный замок. Там и жил Мудрец, которого он разыскивал.

Против ожиданий, замок вовсе не походил на уединенную обитель праведника, а был полон народа: сновали, предлагая свой товар, торговцы, по углам разговаривали люди, маленький оркестр выводил нежную мелодию, а посреди зала был накрыт стол, уставленный самыми роскошными и изысканными яствами, какие только можно было сыскать в этом краю.

Мудрец не спеша обходил гостей, и юноше пришлось два часа дожидаться своей очереди.

Наконец Мудрец выслушал, зачем тот пришел к нему, но сказал, что сейчас у него нет времени объяснять секрет счастья. Пусть-ка юноша побродит по замку и вернется в этот зал через два часа.

«И вот еще какая у меня к тебе просьба, — сказал он, протягивая юноше чайную ложку с двумя каплями масла. — Возьми с собой эту ложечку и смотри, не разлей масло».

Юноша, не сводя глаз с ложечки, стал подниматься и спускаться по дворцовым лестницам, а через два часа вновь предстал перед Мудрецом.

«Ну, — молвил тот, — понравились ли тебе персидские ковры в столовой зале? Деревья и цветы в саду, который искуснейшие мастера разбивали целых десять лет? Старинные фолианты и пергаменты в моей библиотеке?»

Пристыженный юноша признался, что ничего этого не видел, ибо все внимание его было приковано к тем каплям масла, что доверил ему хозяин.

«Ступай назад и осмотри все чудеса в моем доме, — сказал тогда Мудрец. — Нельзя доверять человеку, пока не узнаешь, где и как он живет».

С ложечкой в руке юноша вновь двинулся по залам и коридорам. На этот раз он был не так скован и разглядывал редкости и диковины, все произведения искусства, украшавшие комнаты. Он осмотрел сады и окружавшие замок горы, оценил прелесть цветов и искусное расположение картин и статуй. Вернувшись к Мудрецу, он подробно перечислил все, что видел.

«А где те две капли масла, которые я просил донести и не пролить?» — спросил Мудрец.

И тут юноша увидел, что капли пролиты.

«Вот это и есть единственный совет, который я могу тебе дать, — сказал ему мудрейший из мудрых. — Секрет счастья в том, чтобы видеть все, чем чуден и славен мир, и никогда при этом не забывать о двух каплях масла в чайной ложке».

Сантьяго, выслушав рассказ, долго молчал. Он понял, что хотел сказать ему старик. Пастух любит странствовать, но никогда не забывает о своих овцах.

Пристально глядя на Сантьяго, царь Мельхиседек соединил руки и странным жестом провел ими в воздухе над его головой. А потом пошел своей дорогой, забрав с собою овец.

Над маленьким городком Тарифой возвышается старинная крепость, построенная еще маврами. Если взойти на башню, откроется вид на площадь, где стоит лоток торговца кукурузой, видна отсюда и полоска африканского побережья. И в тот день на крепостной стене сидел, подставив лицо восточному ветру, Мельхиседек, царь Салима. Овцы, встревоженные столькими переменами в своей судьбе, жались в кучу немного поодаль от нового хозяина. Главное, что их по-прежнему интересовало, — это пропитание.

Глядя на небольшой баркас, стоявший на рейде, Мельхиседек думал о том, что никогда больше не увидит этого юношу, как ни разу не видел и Авраама после того, как тот отдал ему десятину.

У Бессмертных не должно быть желаний, потому что у них нет здесь своего Пути. И все же Мельхиседек в глубине души тайно желал, чтобы юноше по имени Сантьяго сопутствовала удача.

«Жаль, что он сейчас же позабудет даже, как меня зовут, — думал он. — Надо было повторить мое имя. Чтобы он, упоминая меня, называл неведомого старика "Мельхиседек, царь Салима"».

Он поднял глаза к небу и, несколько смутившись, произнес:

— Я знаю, Господи, что все это «суета сует», по слову Твоему. Но иногда и старый царь может гордиться собой.

«Странное место эта Африка», — думал Сантьяго.

Он сидел в маленькой харчевне — одной из тех, что так часто встречались ему на узких улочках этого города. Несколько человек, передавая друг другу, курили по очереди огромную трубку. За эти часы он видел мужчин, которые шли взявшись за руки, женщин с закрытыми лицами, священнослужителей, которые взбирались на высокие башни и нараспев что-то оттуда выкрикивали, а все вокруг при этом опускались на колени и били о землю лбом.

«Край сарацинов. Здесь их обычаи», — сказал он сам себе.

В детстве в их деревенской церкви он видел образ Святого Иакова — победитель мавров изображен был верхом на белом коне, с поднятым мечом в руке, а перед ним простирались ниц зловещего облика люди, похожие на тех, что сидели теперь в харчевне рядом с Сантьяго. Юноше было не по себе — он чувствовал себя ужасно одиноким.

К тому же в предотъездной суматохе он совсем упустил из виду одно обстоятельство, которое вполне могло бы надолго закрыть ему путь к сокровищам. В этой стране все говорили по-арабски.

К нему подошел хозяин, и Сантьяго знаками попросил принести ему то же, что пили за соседним столом. Это оказался горьковатый чай. Юноша предпочел бы вино.

Впрочем, все это не имело значения — надо было думать лишь о сокровище и о том, как до него добраться. Денег от продажи овец он выручил немало, они лежали у него в кармане, успев проявить свое волшебное свойство — с ними человеку не так одиноко. Очень скоро, всего через несколько дней, он уже будет у пирамид. Старик с нагрудником из чистого золота вряд ли стал бы его обманывать, чтобы разжиться полудюжиной овец.

Он говорил ему о знаках, и Сантьяго, покуда пересекал пролив, все думал о них. Он понимал, о чем идет речь: бродя по Андалусии, юноша научился узнавать на земле и на небе приметы того, что ждет впереди. Птица могла оповещать, что где-то притаилась змея; кустарник указывал, что неподалеку найдется ручей или река. Всему этому его научили овцы.

«Если Бог их ведет, Он и мне не даст сбиться с пути», — подумал Сантьяго и немного успокоился. Даже чай показался не таким горьким.

— Ты кто будешь? — послышалась вдруг испанская речь.

Сантьяго вздохнул с облегчением: он думал о знаках, и вот подан знак. Окликнувший его был примерно одного с ним возраста, одет на европейский манер, только цвет кожи указывал, что он местный.

— Откуда ты знаешь испанский? — спросил Сантьяго.

— Здесь почти все его знают. Испания в двух часах пути.

— Присядь, я хочу тебя угостить чем-нибудь. Закажи вина себе и мне. Чай мне не по вкусу.

— В этой стране вина не пьют, — ответил тот. — Вера запрещает.

Тогда Сантьяго сообщил, что ему нужно добраться до пирамид. Он чуть было не проговорился о сокровищах, но вовремя прикусил язык: чего доброго, араб потребует часть их в качестве платы за то, что поможет ему туда добраться. Он помнил слова старика: не следует обещать то, что тебе не принадлежит.

— Не можешь ли довести меня до пирамид? Я бы тебе за это заплатил.

— А ты хоть представляешь, где это?

Сантьяго заметил, что хозяин подошел вплотную и внимательно прислушивается к разговору.

При нем говорить не хотелось, однако он боялся упустить так удачно найденного проводника.

— Тебе придется пересечь всю Сахару, — сказал тот. — А для этого понадобятся деньги. Есть они у тебя?

Сантьяго этот вопрос удивил. Но он помнил слова старика: если ты чего-нибудь хочешь, вся Вселенная будет способствовать тому, чтобы желание твое сбылось. И, достав из кармана деньги, он показал их арабу. Хозяин подошел еще ближе и уставился на них, а потом перебросился с юношей парой слов по-арабски. Сантьяго показалось, что хозяин на что-то сердится.

— Пойдем-ка отсюда, — сказал юноша. — Он не хочет, чтобы мы тут сидели.

Сантьяго с радостью поднялся и хотел было уплатить по счету, но хозяин схватил его за руку и стал что-то говорить. У Сантьяго хватило бы силы высвободиться, но он был в чужой стране и не знал, как здесь себя вести в таких случаях. К счастью, новый знакомый оттолкнул хозяина и вытащил Сантьяго из харчевни на улицу.

— Он хотел отнять у тебя деньги. Танжер не похож на другие африканские города. Это порт, а в порту всегда полно жуликов.

Ему можно доверять. Он помог ему в критической ситуации. Сантьяго снова достал из кармана и пересчитал деньги.

— Можем завтра же отправиться к пирамидам, — сказал араб. — Но сначала надо купить двух верблюдов.

И он взял кошелек из рук Сантьяго.

Они двинулись по узким улочкам Танжера, где на каждом шагу стояли палатки и лотки со всякой всячиной, и оказались на рыночной площади, заполненной многотысячной толпой — люди продавали, покупали, торговались, спорили. Зелень и плоды лежали рядом с кинжалами, ковры — рядом с разнообразными трубками. Сантьяго не сводил глаз со своего спутника — тот взял у него все деньги. Он хотел было забрать их, но счел, что это будет неучтиво. Ему были неведомы нравы и обычаи страны, в которой он сейчас находился. «Ничего, — подумал он, — я ведь внимательно слежу за ним, и этого достаточно, ибо я сильнее его».

Вдруг в груде разнообразного товара он заметил саблю, красивей которой еще никогда не видел: серебряные ножны, эфес украшен драгоценными камнями и финифтью. Сантьяго решил, что, когда вернется из Египта, непременно купит себе такую же.

— Спроси, сколько она стоит, — не оборачиваясь, сказал он своему спутнику.

В этот миг он понял, что на две секунды отвлекся, заглядевшись на саблю. Сердце у него екнуло. Он боялся оглянуться, потому что уже знал, что предстанет его глазам. Еще несколько мгновений он не сводил глаз с сабли, но потом набрался храбрости и повернул голову.

Вокруг гремел и бушевал рынок, сновали и горланили люди, лежали вперемежку ковры и орехи, медные подносы и груды зелени, шли мужчины под руку и женщины в чадрах, витали запахи неведомой снеди — и только его недавний спутник словно испарился.

Сантьяго поначалу еще уверял себя, что они случайно потеряли друг друга в толпе, и решил оставаться на месте — вдруг тот вернется. Прошло какое-то время; на высокую башню поднялся человек и что-то закричал нараспев — все тотчас упали ниц, уткнулись лбами в землю и тоже запели. А потом, словно усердные муравьи, сложили товары, закрыли палатки и лотки. Рынок опустел.

И солнце тоже стало уходить с неба; Сантьяго следил за ним долго — до тех пор, пока оно не спряталось за крыши белых домов, окружавших площадь. Он вспомнил, что, когда оно всходило сегодня, он еще был на другом континенте, был пастухом, распоряжался шестьюдесятью овцами и ждал свидания с дочкой суконщика. Еще утром ему наперед было известно все, что произойдет, когда он погонит свое стадо на пастбище.

А теперь, на закате того же дня, он в другой стране, где он чужак в чужом краю и даже не понимает языка, на котором говорят местные жители. Он уже не пастух, он лишился всего — и прежде всего денег, а значит, уже не может вернуться и начать все сначала.

«И все это случилось между восходом и закатом солнца», — думал юноша. Ему было жаль себя, и он горько сокрушался о том, что жизнь его изменилась так внезапно и так круто.

Плакать было стыдно. Он даже перед своими овцами стеснялся плакать. Однако рыночная площадь уже опустела, а он был один и вдали от родины.

И Сантьяго заплакал. Неужели Бог столь жесток к тем, кто всего лишь верит своим снам!

«Когда я пас своих овец, то был счастлив и распространял счастье вокруг себя. Люди радовались, когда я приходил к ним, и принимали меня как дорогого гостя.

А теперь я печален и несчастен. И не знаю, что делать. Я стану злобным и недоверчивым и буду подозревать всех потому лишь, что один человек обманул меня. Я буду ненавидеть тех, кто сумел найти сокровища, потому что мне это не удалось. Я буду цепляться за ту малость, которой обладаю, потому что слишком мал и ничтожен, чтобы постичь весь мир».

3 – 1513

Он открыл свою пастушью сумку, чтобы посмотреть, не осталось ли там какой-нибудь еды — хоть куска хлеба с маслом, — но нашел лишь толстую книгу, куртку и два камня, которые дал ему старик.

И тут, увидев их, Сантьяго испытал огромное облегчение. Он ведь обменял шесть овец на два драгоценных камня, подаренных стариком. Стоит лишь продать их — и он купит билет и вернется обратно.

«Но на этот раз я буду умнее», — подумал он, доставая камни из сумки и пряча их в карман. Это ведь портовый город, а в порту, как верно заметил тот, кто его обокрал, всегда полно жуликов.

Только теперь Сантьяго понял, почему так горячился хозяин харчевни — он отчаянно силился втолковать юноше, чтобы тот не доверял своему спутнику.

«Я в точности такой же, как все: принимаю желаемое за действительное и вижу мир не таким, каков он на самом деле, а таким, каким мне хочется его видеть».

Он вновь стал рассматривать камни, бережно их погладил — на ощупь они были теплыми. Вот настоящее сокровище, которое пока что у него есть. Дотронешься до них — и на душе легче. Они напомнили Сантьяго о старике. Вновь прозвучали в душе его слова: «Если ты чего-нибудь хочешь, вся Вселенная будет способствовать тому, чтобы желание твое сбылось».

Ему хотелось понять, правда ли это. Он стоял посреди пустой рыночной площади, без гроша в кармане, и на сей раз не надо было думать о ночлеге для овец. Но драгоценные камни непреложно доказывали, что недавно он повстречался с царем, который знал всю его жизнь: знал даже про отцовское ружье, взятое без спросу, и про первую женщину.

«Камни помогут тебе отгадать загадку. Они называются Урим и Туммим», — вспомнилось ему.

Сантьяго вновь вынул их из кармана, положил в сумку и решил попробовать. Старик говорил, что вопросы надо задавать четко, ибо камни помогают лишь тем, кто твердо знает, чего хочет. Он спросил, пребывает ли еще с ним благословение старика, и вытащил руку из сумки.

— Да, — ответил камень.

— Найду ли я сокровища? — спросил Сантьяго.

Он вновь сунул руку в сумку и, смешав камни, только собирался вытащить ответ, как оба камня провалились в дыру. А он почему-то и не замечал раньше, что сумка прохудилась. Сантьяго наклонился подобрать камни с земли, чтобы снова их спрятать, но тут в голову ему пришла новая мысль:

«Научись приглядываться к знакам и следовать им», — говорил старик.

Знак! Сантьяго рассмеялся. Потом схватил камни с земли, сунул в сумку. Он и не подумает зашивать прореху в котомке — камни, если захотят, в любую минуту выскользнут наружу. Он понял, что есть вещи, о которых лучше не спрашивать — чтобы не пытаться убежать от собственной судьбы. «Я ведь обещал старику, что решать буду сам», — сказал он себе.

Однако камни дали ему понять, что старик по-прежнему с ним, и это придало ему уверенности. Он снова обвел взглядом пустынную площадь, но уже без прежней безнадежности. Вовсе не чужой мир простирался перед ним — просто новый.

А ведь ему всегда только того и хотелось — познавать новые миры. Если ему даже не суждено добраться до пирамид, он и так уже увидел гораздо больше, чем любой пастух.

«Знали бы они, — подумал он, — что всего в двух часах пути все совсем по-другому».

Новый мир простерся перед ним вымершей рыночной площадью, но он-то успел увидеть, как она бурлила жизнью, и больше уже этого не забудет. Он вспомнил и про саблю: конечно, дороговато пришлось заплатить за две секунды, чтобы на нее поглазеть, но ведь такого он никогда прежде не видал. Сантьяго вдруг понял, что может смотреть на мир глазами несчастной жертвы жулика и злодея, но может и глазами отважного искателя сокровищ и приключений.

— Я — отважный искатель сокровищ и приключений, — пробормотал он, погружаясь в сон.

Проснулся он оттого, что кто-то толкал его в бок. Рынок, посреди которого Сантьяго устроился на ночлег, теперь вновь вернулся к жизни.

Оглянувшись по привычке в поисках своих овец, Сантьяго окончательно очнулся и вспомнил, что он в новом мире, но это не вызвало у него грусти, он был счастлив. Больше не будет бродить в поисках пропитания — он отправится за сокровищами! У него ни гроша в кармане, но зато есть вера в жизнь. Вчера ночью он выбрал себе судьбу искателя приключений: он станет одним из тех, о ком читал в книгах.

Неспешным шагом юноша двинулся в обход площади. Торговцы открывали свои палатки и ларьки, и он помог продавцу сластей поставить прилавок и разложить товар.

Торговец сластями улыбался: он был доволен, знал, для чего живет, и радостно готовился встретить новый трудовой день. Его улыбка напомнила юноше улыбку старика — таинственного царя Мельхиседека.

«Он печет сласти не потому, что хочет странствовать по свету или жениться на дочке суконщика. Ему нравится его занятие», — подумал юноша и заметил, что не хуже старика с первого взгляда может определить, насколько человек близок или далек от своего Пути.

«Это так просто — и как же я раньше этого не понимал?»

Когда натянули тент, кондитер протянул ему первый выпеченный пирожок. Сантьяго его с удовольствием съел, поблагодарил и отправился дальше. И только тут до него дошло, что пока они ладили палатку, кондитер говорил по-арабски, а он — по-испански, но оба, стало быть, понимали друг друга.

«Выходит, есть язык, который не зависит от слов, — подумал он. — Я на нем объяснялся со своими овечками, а теперь вот попробовал и с человеком».

«Все одно целое», как говорил старик.

Сантьяго решил пройтись по улочкам Танжера не торопясь, чтобы не пропустить знаки. Это потребует терпения, но терпение — та добродетель, которой всякий пастух учится первым делом. И снова юноша подумал, что в новом мире ему пригодится то, чему научили его овцы.

«Все одно целое», — снова вспомнились ему слова Мельхиседека.

Торговец хрусталем смотрел, как занимается новый день, и чувствовал обычную тоску, томившую его по утрам. Вот уже тридцать лет здесь, в крутом переулке, сидел он в своей лавчонке, куда редко заглядывали покупатели. Теперь уже поздно было что-либо менять в жизни; торговать хрусталем — вот все, что он умел. Было время, когда в лавке его толпились арабские торговцы, геологи-англичане и французы, немецкие солдаты — все люди при деньгах. Когда-то торговля хрусталем была делом выгодным, и он мечтал, как разбогатеет и старость его будет скрашена и согрета красивыми женами.

Но времена изменились, а с ними изменился и город. Расположенная рядом с Танжером Сеута росла быстрее, и центр торговли сместился туда. Соседи-торговцы разъехались, на спуске осталось лишь несколько лавочек, и никто не хотел подниматься в гору, чтобы в них заглянуть.

Но у Торговца хрусталем выбора не было. Тридцать лет занимался он тем лишь, что продавал и покупал хрусталь, а теперь было уже поздно менять жизнь.

Все утро он наблюдал за редкими прохожими. Занимаясь этим долгие годы, он знал распорядок дня каждого, кто появлялся на улочке. Но за несколько минут до обеда у его витрины остановился молодой чужестранец. Одет он был прилично, однако наметанным глазом Торговец хрусталем определил, что денег у него нет. И все же он решил до ухода посетителя повременить с обедом.

Объявление на двери извещало, что здесь говорят на иностранных языках. Сантьяго увидел, как за прилавком появился хозяин.

— Хотите, я вам все эти стаканы перемою? — спросил юноша. — В таком виде их у вас никто не купит.

Хозяин ничего не отвечал.

— А вы мне за это дадите какой-нибудь еды.

Хозяин все так же молча смотрел на него. Сантьяго понял, что нужно принимать решение. В котомке у него лежала куртка — в пустыне она не понадобится. Достав куртку, он принялся перетирать стаканы. Через полчаса все на витрине блестело, и тут как раз пришли двое и купили кое-что из хрустальных изделий.

Окончив работу, Сантьяго попросил у хозяина еды.

— Идем-ка со мной, — отвечал тот.

Повесив на дверь табличку «Закрыто на обед», он повел Сантьяго в маленький бар, стоявший в самом верху переулка. Там они сели за один-единственный стол.

Торговец хрусталем рассмеялся:

— Тебе ничего и не надо было чистить. Коран велит накормить голодного.

— Отчего же вы меня не остановили?

— Оттого что стаканы были грязные. Нам обоим надо было очистить от мусора мозги.

А когда они поели, он сказал:

— Я хочу, чтобы ты работал в моей лавке. Сегодня, пока ты чистил хрусталь, пришли двое покупателей — это добрый знак.

«Не редкость услышать от людей о знаках, — подумал пастух, — но они сами не понимают, о чем говорят. Да и я, сам того не зная, столько лет беседовал со своими овцами на языке без слов».

— Ну так как? — настаивал продавец. — Пойдешь ко мне работать?

— До рассвета перемою весь товар, — ответил юноша. — А вы мне за это дадите денег добраться до Египта.

Старик снова рассмеялся.

— Если ты даже целый год будешь мыть хрусталь в моей лавке, и при этом будешь получать хороший процент с каждой покупки, все равно тебе придется занимать деньги на дорогу. Между Танжером и Египтом — тысячи километров пустыни.

На минуту стало так тихо, словно весь город погрузился в сон. Исчезли базары, торговцы, расхваливавшие свой товар, люди, поднимавшиеся на минареты и выпевавшие слова молитвы, сабли с резными рукоятями. Сгинули куда-то надежда и приключение, старый царь и свой Путь, сокровища и пирамиды. Во всем мире воцарилась тишина, потому что онемела душа Сантьяго. Не ощущая ни боли, ни муки, ни разочарования, он остановившимся взглядом смотрел в раскрытую дверь харчевни и страстно желал только умереть, мечтая, чтобы все кончилось в эту минуту раз и навсегда.

Продавец глядел на него подняв брови — еще утром, совсем недавно, он был, казалось, так весел. А теперь мрачнее тучи; от веселья не осталось и следа.

— Я могу дать тебе денег, чтобы ты вернулся на родину, сын мой, — сказал продавец.

Юноша не ответил. Потом встал, одернул на себе одежду и подхватил котомку.

— Я остаюсь работать у вас, — сказал он.

И, помолчав еще, прибавил:

— Мне нужны деньги, чтобы купить несколько овец.

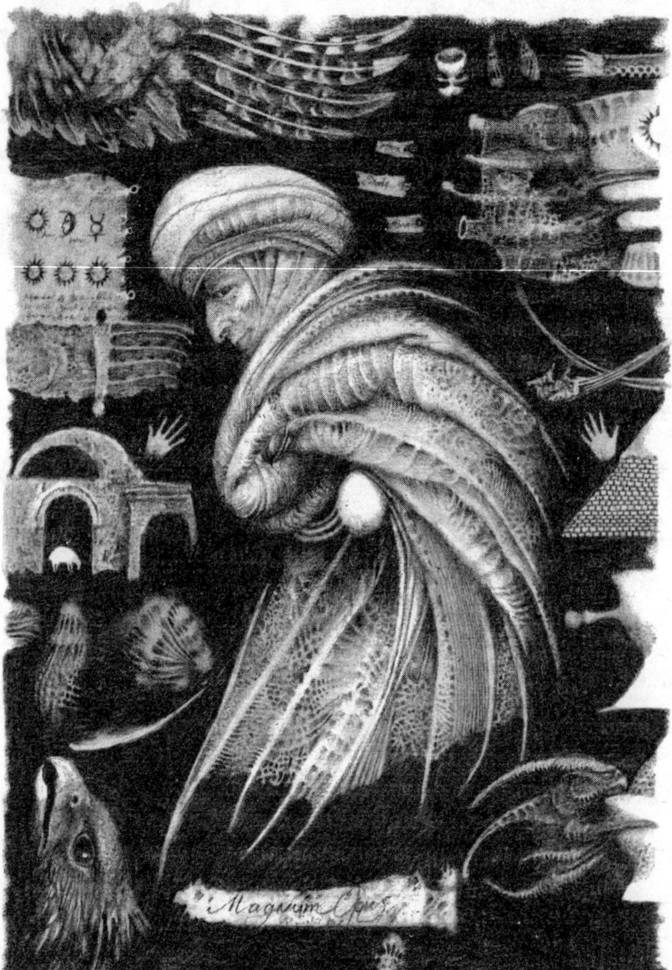
Magnum Opus

ЧАСТЬ ВТОРАЯ

Почти целый месяц работал Сантьяго в лавке, и нельзя сказать, чтобы новое дело очень уж ему нравилось. Торговец хрусталем день-деньской сидел за прилавком и бурчал, чтобы юноша поосторожней обращался с товаром.

Однако увольняться не пришлось, потому что Торговец был хоть и ворчун, однако человек честный и слово свое держал: Сантьяго исправно получал комиссионные с каждой покупки и даже сумел скопить кое-какие деньги. Но однажды утром он прикинул свои барыши и подсчитал, что, если будет зарабатывать столько же, сколько сейчас, овечек сможет купить не раньше, чем через год.

— Отчего бы не сделать выносную витрину с образчиками товара? — сказал он хозяину. — Мы бы поставили ее у входа в лавку, чтобы привлекать внимание прохожих.

— Жили мы раньше без всяких выносных витрин, — отвечал тот. — Еще кто-нибудь на улице ее заденет и переколотит мой хрусталь.

— Когда я гнал овец на выпас, они тоже могли наткнуться на змею и сдохнуть от ее укуса. Но для овец и пастухов такова сама жизнь.

Торговец в это время обслуживал посетителя, пожелавшего купить три бокала. Торговля теперь шла бойко, словно вернулись времена, когда эта улочка притягивала к себе людей со всего Танжера.

— Дела идут недурно, — сказал он, когда покупатель вышел. — Я зарабатываю теперь достаточно и скоро дам тебе столько денег, что ты купишь новую отару. Чего же тебе не хватает? Зачем требовать от жизни большего?

— Затем, что надо следовать знакам, — невольно вырвалось у юноши, и он тотчас пожалел о сказанном: торговец-то ведь никогда не встречал царя.

«Это называется Благоприятное Начало, — вспомнились ему слова старика. — Новичкам везет. Ибо жизнь хочет, чтобы человек следовал своей Судьбе».

А хозяин между тем осмысливал то, что сказал Сантьяго. Ясно, что одно лишь его присутствие в лавке уже было добрым знаком — деньги текли в кассу, и он не раскаивался, что нанял этого испанского паренька. Хотя получает он больше, чем зарабатывает, — Торговец хрусталем, не предполагая, что торговля станет такой бойкой, предложил ему большие комиссионные. Торговцу казалось, что недалек тот час, когда тот возвратится к своим овцам.

— Зачем понадобились тебе пирамиды? — спросил он, чтобы сменить тему.

— Затем, что мне много о них говорили, — ответил Сантьяго.

Сокровища превратились в горестное воспоминание, и он старался не думать о них, потому и не стал рассказывать хозяину свой сон.

— Впервые в жизни вижу человека, который хочет пересечь пустыню для того лишь, чтобы взглянуть на пирамиды. А пирамиды эти — просто груда камней. Ты и сам во дворе можешь построить такое.

— Видно, вам не снились сны о дальних странствиях, — ответил на это Сантьяго и пошел встречать очередного покупателя.

Через два дня хозяин вернулся к разговору о витрине.

— Не люблю я новшеств, — сказал он. — Я же не так богат, как Хасан, которому не страшно ошибиться, — он на этом много не потеряет. А вот нам с тобой за свои ошибки придется всю жизнь платить.

«Верно», — подумал юноша.

— Вот и ответь мне, зачем тебе эта стойка? — продолжал хозяин.

— Я хочу как можно скорей вернуться к моим овечкам. Пока удача нам сопутствует, надо ловить мгновение, надо делать все, чтобы помочь ей, как она нам помогает. Это ведь так и называется: Благоприятное Начало. Новичкам везет.

Старик помолчал и ответил:

— Пророк дал нам Коран и возложил на нас лишь пять обязанностей, которые мы должны выполнить в течение жизни. Самая главная — помнить, что нет Бога, кроме Аллаха. Четыре других — молиться пять раз в день, поститься, когда наступает месяц Рамадан, быть милосердным к неимущему...

Он снова замолчал. При упоминании Пророка глаза его увлажнились. Он, хоть и был человек живой, нетерпеливый и горячий, все же сумел прожить жизнь в согласии с законом Магомета.

— Ну, а пятая обязанность? — спросил Сантьяго.

— Позавчера ты сказал, что мне, наверное, никогда не снились сны о дальних странствиях. Так вот, пятая обязанность каждого правоверного — совершить паломничество.

Каждый из нас хоть однажды в жизни должен посетить священный город Мекку. А она гораздо дальше, чем пирамиды. В молодости, как только я скопил немного, то предпочел купить эту вот лавку. Думал: вот разбогатею, тогда и отправлюсь в Мекку. Потом у меня завелись деньги, но я никому не мог доверить торговлю, ибо товар у меня деликатный. И каждый день глядел, как мимо проходят паломники: были среди них богачи — их сопровождали десятки слуг и целые караваны верблюдов, — но большая часть была бедней меня.

Видел я и как они возвращаются, счастливые и довольные, и ставят у двери дома символ паломничества в Мекку. Один из них, сапожник, чинивший чужие башмаки, рассказал мне, что шел через пустыню почти целый год, но уставал меньше, чем в Танжере, когда отправлялся в соседний квартал за партией кожи.

— Почему же вам не отправиться в Мекку прямо сейчас? — спросил Сантьяго.

— Потому что я жив только благодаря мечте о ней. Разве иначе выдержал бы я все эти дни, неотличимые друг от друга, все эти полки, заставленные моим товаром, обеды и ужины в этой мерзкой харчевне? Я боюсь, что, когда мечта станет явью, мне больше незачем будет жить на свете.

Что же касается тебя, который мечтает о пирамидах, то ты, не в пример мне, жаждешь осуществить свою мечту.

Я желаю только мечтать о Мекке. Тысячи раз я представлял, как пересеку пустыню, как приду на площадь, где стоит священный камень, семь раз обойду вокруг и лишь потом прикоснусь к нему. Я всякий раз представляю, сколько людей будет толпиться рядом со мной и как мой голос вплетется в общий молитвенный хор. Но я боюсь, что меня

постигнет ужасное разочарование, и потому предпочитаю только мечтать.

В тот день он разрешил Сантьяго смастерить новую витрину. Не все мечтают и видят сны одинаково.

Минуло еще два месяца — новая выносная витрина сделала свое дело: в лавку валом валили покупатели. Сантьяго прикинул: если так и дальше пойдет, через полгода он сможет вернуться в Испанию и купить не шестьдесят голов овец, а два раза по столько. Не пройдет и года, как он удвоит стадо и начнет торговать с арабами, потому что уже научился сносно объясняться на их языке. После того случая на рынке он уже не доставал из котомки камешки Урим и Туммим, потому что Египет стал для него мечтой такой же несбыточной, как Мекка — для его хозяина. Он был доволен своей работой и постоянно представлял себе, как победителем сойдет с корабля на пристань Тарифы.

«Помни: всегда надо точно знать, чего хочешь», — говорил Мельхиседек.

Юноша знал. И работал для достижения своей цели. Может быть, на роду ему было написано оказаться в чужой стране, встретить там жулика, а потом удвоить свое стадо, не истратив на это ни гроша?

Он был горд собой. Он многому научился: умел теперь торговать хрусталем, владел языком без слов и читал знаки. Однажды он услышал, как жалуется какой-то человек: одолел такой крутой подъем, а тут даже присесть и утолить жажду негде. Сантьяго сразу смекнул, что это знак, и сказал хозяину:

— Почему не продавать чай тем, кто взбирается на гору?

— Большое новшество, можно подумать, — отвечал тот.

— А мы предложим чай из хрустальных стаканов. Люди получат удовольствие и захотят купить у нас хрусталь. Люди более всего падки на красоту.

Хозяин довольно долго смотрел на него, ничего не отвечая. Однако ближе к вечеру, помолившись и закрыв лавку, он уселся перед ней на мостовой и предложил Сантьяго покурить наргиле — причудливую трубку, которая в ходу у арабов.

— Скажи мне, чего ты добиваешься? — спросил он у юноши.

— Вы же знаете: я хочу вернуться домой и купить овец. А для этого мне нужны деньги.

Старик подложил несколько угольков в наргиле и глубоко затянулся.

— Тридцать лет я держу эту лавку. Умею отличать хороший хрусталь от плохого, знаю все тонкости торговли. Я доволен тем, как идет у меня дело, и расширять его не хочу. Будешь подавать покупателям чай в хрустальных стаканах — глядишь, и в самом деле наш оборот вырастет; придется всё менять.

— Что ж в этом плохого?

— Да просто я привык жить, как жил. Пока ты здесь не появился, я часто думал, что столько времени сиднем просидел на одном месте, покуда мои друзья уезжали, приезжали, разорялись и богатели. Думал я об этом с глубокой печалью. Теперь же понимаю, что лавка моя как раз такого размера, какой мне нужен, какого мне хочется. Я не ищу перемен, я не знаю, как это делается. Я слишком привык к самому себе.

Юноша не нашелся, что ответить. Старик продолжал:

— Тебя мне словно Бог послал. А сегодня я понял вот что: если Божье благословение не принять, оно превращается в проклятье. Я ничего больше от жизни не хочу, а ты меня заставляешь открывать в ней неведомые дали. Я гляжу на них, сознаю свои неслыханные возможности и чувствую себя хуже, чем раньше. Ибо теперь я знаю, что могу обрести все, а мне этого не нужно.

«Хорошо еще, что я ничего не рассказал продавцу кукурузы», — подумал Сантьяго.

Еще некоторое время они курили наргиле. Солнце зашло. Хозяин и юноша говорили по-арабски — Сантьяго был очень доволен, что овладел этим языком. Давным-давно, в другой жизни, ему казалось, что овцы способны постичь все в мире. Но вот арабского языка им не выучить.

«Должно быть, есть и еще кое-что, чему они научиться не могут, — думал он, молча поглядывая на хозяина. — Ибо умеют они лишь искать корм и воду. Да и потом, они же не сами выучились — это я их научил».

— *Мактуб*, — произнес наконец Торговец хрусталем.

— Что это значит?

— Чтобы понять по-настоящему, надо родиться арабом, — ответил тот. — Но примерный смысл — «так записано».

И, гася угольки в наргиле, добавил, что с завтрашнего дня Сантьяго может продавать чай в хрустальных стаканах. Остановить реку жизни невозможно.

Люди взбирались по крутизне и вдруг на самом верху видели перед собой лавку, где им предлагали холодный и освежающий мятный чай в красивых хрустальных стаканах. Как же было не зайти и не выпить?!

«Моей жене до такого не додуматься!» — говорил один, покупая несколько штук: в этот вечер к нему должны были прийти гости, и он хотел удивить их замечательными стаканами.

Другой утверждал, что чай кажется гораздо вкусней, когда пьешь из хрустального стакана — в нем, мол, он лучше сохраняет свой аромат. Третий вспоминал, что на Востоке существует давняя традиция пить чай из хрусталя, потому что он обладает магическими свойствами.

И очень скоро все прослышали об этом изобретении, и народ потянулся по склону, чтобы своими глазами увидеть, какие новшества можно внести в такой старинный промысел. Появились и другие заведения, где теперь посетителям подавали чай в хрустальных стаканах, но туда не надо было карабкаться, и потому они пустовали.

Скоро в лавку пришлось нанять еще двух помощников. Теперь здесь не только продавали хрусталь, но и отпускали неимоверное количество чая бесчисленным ежедневным посетителям, жаждущим новизны.

Так прошло полгода.

Юноша проснулся еще до восхода солнца. С тех пор как он впервые ступил на африканский континент, минуло одиннадцать месяцев и девять дней.

Он надел арабский бурнус из белого полотна, специально купленный к этому дню, покрыл голову платком, закрепив его кольцом из верблюжьей кожи, обул сандалии и бесшумно спустился вниз.

Город еще спал. Сантьяго съел кусок хлеба с вареньем, отпил горячего чаю из хрустального стакана. Потом уселся на пороге лавки и закурил наргиле.

Так он сидел и покуривал в полном одиночестве, без единой мысли, слушая постоянный и ровный шум ветра, приносивший запах пустыни. Докурив, сунул руку в карман — и несколько минут смотрел на то, что вытащил оттуда.

Пальцы его сжимали толстую пачку денег — на них можно было купить и обратный билет, и сто двадцать овец, и разрешение вести торговлю между Испанией и той страной, где он сейчас находился.

Сантьяго терпеливо дождался, когда проснется хозяин и отопрет лавку. Потом они вместе выпили еще чаю.

— Сегодня я уеду, — сказал юноша. — Теперь мне есть на что купить овец, а вам — отправиться в Мекку.

Хозяин хранил молчание.

— Благословите меня, — настойчиво сказал Сантьяго. — Вы мне помогли.

Старик, все так же не произнося ни слова, продолжал заваривать чай. Наконец он обернулся к юноше.

— Я горжусь тобой. Ты вдохнул жизнь в мою лавку. Но знай: я не пойду в Мекку. Знай и то, что ты не купишь себе овец.

— Кто это вам сказал? — в удивлении спросил Сантьяго.

— *Мактуб*, — только и ответил старый Торговец хрусталем.

И благословил юношу.

Затем Сантьяго пошел к себе в комнату и собрал все свои пожитки — получилось три мешка. Уже в дверях он вдруг заметил в углу свою старую пастушью котомку, которая давно не попадалась ему на глаза, так что он и забыл про нее. В ней лежали его куртка и книга. Он вытащил куртку, решив подарить ее какому-нибудь мальчишке на улице, и тут по полу покатились два камня — Урим и Туммим.

Тут юноша вспомнил про старого царя и сам удивился, что столько времени о нем не думал. Целый год ушел на работу без передышки с единственной целью — скопить денег, чтобы не возвращаться в Испанию несолоно хлебавши.

«Никогда не отказывайся от своей мечты, — говорил ему Мельхиседек. — Следуй знакам».

Юноша подобрал камни с пола, и тут его снова охватило странное ощущение, будто старик где-то рядом. Целый год прошел в тяжких трудах, а теперь знаки указывают, что пришла пора уходить.

«Я снова стану точно таким, каким был раньше, — подумал он, — а овцы не научат меня говорить по-арабски».

Овцы, однако, научили его кое-чему поважнее: тому, что есть на свете язык, который понятен всем. И весь этот год, стараясь, чтобы торговля процветала, Сантьяго говорил на языке, понятном каждому. Это был язык воодушевления, язык вещей, которые делаются с любовью и охотой, делаются ради того, во что веришь или чего желаешь. Танжер перестал быть для него чужбиной, и юноша сознавал, что теперь ему может покориться весь мир, как покорился этот город.

«Когда чего-нибудь сильно захочешь, вся Вселенная будет способствовать тому, чтобы желание твое сбылось», — так говорил старый Мельхиседек.

Однако ни о разбойниках, ни о бескрайних пустынях, ни о людях, которые хоть и мечтают, но не желают эти свои мечты осуществлять, старик и словом не обмолвился. Он не говорил ему, что пирамиды — это всего лишь груда камней, и каждый, когда ему вздумается, может у себя в саду нагромоздить такую. Старый царь забыл сказать юноше, что, когда у того заведутся деньги на покупку овец, он должен будет этих овец купить.

Сантьяго взял свою котомку и присоединил ее к остальным вещам. Спустился по лестнице. Хозяин обслуживал чету иностранцев, а еще двое покупателей расхаживали по лавке, попивая чай из хрустальных стаканов. Для столь раннего часа посетителей было много. Только сейчас Сантьяго вдруг заметил, что волосы хозяина напоминают волосы Мельхиседека. Ему вспомнилось первое утро в Танжере, когда некуда было идти и нечего есть, — вспомнилось, как улыбался кондитер, и эта улыбка тоже напомнила ему старого царя.

«Словно Мельхиседек прошел тут и оставил на всем следы своего присутствия, — подумал юноша. — Словно все эти люди в какую-то минуту своей жизни уже встречались с ним. Но ведь он так и говорил мне, что всегда является тому, кто следует своей Судьбе».

Он ушел не прощаясь — не хотелось плакать при чужих. Но он понимал, что будет тосковать по всему этому, по всем тем прекрасным вещам, которым научился здесь. Он обрел уверенность в себе и желание покорить мир.

«Ведь я возвращаюсь в знакомые места пасти овец», — подумал он, но принятое решение почему-то ему разонравилось. Целый год он работал, чтобы осуществить свою мечту, а она вдруг стала с каждой минутой терять свою привлекательность. Может быть, это вовсе и не мечта?

«Может быть, стать таким, как продавец хрусталя? Тоже всю жизнь мечтать о Мекке, но так и не собраться в путь?» — думал он, но камни, которые он держал в руках, словно передали ему силу и решимость старого царя.

По странному совпадению — или это и был знак? — он вошел в ту самую харчевню, что и в первый свой день в Танжере. Конечно, того жулика там не было. Хозяин принес чашку чаю.

«В пастухи вернуться я всегда успею, — думал над ней Сантьяго. — Я умею пасти и стричь овец и этим всегда смогу заработать. А вот другая возможность попасть к пирамидам может и не представиться. Старик, носивший золотой нагрудник, знал всю мою историю. Мне повстречался настоящий царь, и к тому же мудрец».

Только два часа пути отделяли его от равнин Андалусии, а между ним и пирамидами лежала бескрайняя пустыня. Но он понял, что можно взглянуть на это и по-другому: путь к сокровищу стал на два часа короче, хотя сам он при этом и потерял целый год.

«Почему я хочу вернуться к своим овцам — это понятно: потому что знаю их и люблю их, да хлопот с ними немного. А вот можно ли любить пустыню? Но ведь именно пустыня скрывает мое сокровище. Не сумею найти его — вернусь домой. Раз уж так получилось, что сейчас у меня есть и деньги, и время, то отчего бы не попробовать?»

В эту минуту он почувствовал огромную радость. Путь в пастухи ему всегда открыт. И кроме того, всегда можно самому заняться торговлей хрусталем. Конечно, в мире скрыто много иных сокровищ, но ведь именно ему, а не кому-нибудь другому дважды приснился один и тот же сон и встретился старый царь.

Он вышел из харчевни довольный собой. Он вспомнил, что один из поставщиков товара привозил хрусталь его хозяину с караванами, пересекавшими пустыню. Сантьяго сжимал в руках Урим и Туммим — благодаря этим камням он снова решил идти к своему сокровищу.

«Я всегда рядом с тем, кто следует своей Судьбе», — вспомнились слова Мельхиседека.

Проще простого: пойти на торговый склад и спросить, правда ли, что пирамиды так далеко, как говорят.

Помещение, где сидел Англичанин, больше напоминало хлев, и пахло там потом, пылью, скотиной. «Стоило десять лет учиться, чтобы оказаться в такой дыре», — думал он, рассеянно листая журнал по химии.

Однако отступать было некуда. Надо было следовать знакам. Всю свою жизнь он посвятил тому, чтобы отыскать тот единственный язык, на котором говорит Вселенная, — для того и учился. Вначале он увлекся эсперанто, потом заинтересовался религиями мира и наконец — алхимией. И вот теперь он свободно говорит на эсперанто, досконально знает историю разных вероучений, только алхимиком все еще не стал. Да, конечно, ему открылись кое-какие тайны, но вот сейчас он намертво застрял и уже не может продвинуться в своих исследованиях ни на шаг. Тщетно пытался он найти помощь еще у какого-нибудь алхимика — все они оказались люди замкнутые и со странностями, все они думают только о себе, так что помощи или совета от них не дождешься. Может быть, все это потому лишь, что они так и не сумели постичь тайну Философского Камня?

Англичанин уже истратил часть отцовского наследства на свои бесплодные поиски. Он рыскал в лучших на свете библиотеках, покупал самые редкие, самые важные книги по алхимии. В одной из таких книг он вычитал об одном знаменитом арабском алхимике, много лет назад побывавшем в Европе; о нем шла слава, что ему больше двухсот лет, что он нашел Философский Камень и открыл Эликсир Бессмертия — что само по себе, может быть, и впечатляло, но так и осталось бы легендой для Англичанина, если бы один его приятель, вернувшись из археологической экспедиции в пустыню, не рассказал ему о некоем арабе, наделенном сверхъестественными дарованиями. Живет он в оазисе Эль-Фаюм. Ему, по слухам, двести лет, и он умеет превращать любой металл в золото.

Англичанин тотчас отменил все свои дела и встречи, отобрал все самое нужное из своей личной библиотеки — и вот он здесь, в дощатом бараке, похожем на хлев, а за его стенами большой караван, который собирается идти через Сахару, и по пути его будет оазис Эль-Фаюм.

«Я должен своими глазами посмотреть на этого проклятого алхимика», — подумал Англичанин, и даже вонь верблюдов показалась ему в эту минуту не столь невыносимой.

Тут к нему подошел молодой араб с дорожными сумками за спиной и поздоровался.

— Куда вы направляетесь? — спросил он.

— В пустыню, — отвечал Англичанин и снова взялся за чтение.

4*

Ему было не до разговоров: надо освежить в памяти все, что он выучил за десять лет; не исключено, что алхимик захочет проверить его познания.

Юноша тем временем, усевшись, достал из заплечного мешка и тоже раскрыл книгу. Англичанин заметил, что она на испанском.

«Уже неплохо», — подумал он, потому что по-испански говорил лучше, чем по-арабски.

Если этот юноша тоже отправится в Эль-Фаюм, можно будет с ним поговорить в свободное время.

«Забавно, — думал тем временем Сантьяго, в очередной раз перечитывая сцену похорон, с которой начиналась книга. — Вот уж почти два года, как я взялся за нее, а до сих пор словно прикован к первым страницам».

Рядом на сей раз не было царя Мельхиседека, но юноша все равно не мог сосредоточиться. Отвлекали еще и мысли о том, верное ли он принял решение. Однако Сантьяго понимал главное: *в любом деле решение — лишь начало*. Когда человек на что-нибудь решается, сделав выбор, он словно ныряет в стремительный поток, который унесет его туда, где он и не думал оказаться.

«Отправляясь на поиски сокровищ, я и не предполагал, что буду работать в лавке у Торговца хрусталем. Точно так же этот караван, может быть, и есть мой выбор, мое решение, но сам по себе путь его так и останется тайной».

Рядом сидел европеец и тоже читал книгу. Сантьяго он показался человеком несимпатичным: когда юноша вошел в барак, тот поглядел на него недружелюбно. Это, впрочем, ничего — они все равно могли бы завязать знакомство, если бы он не оборвал разговор.

Юноша закрыл книгу — ему ничем не хотелось походить на этого иностранца, — затем вынул из кармана камни и стал играть ими.

— Урим и Туммим! — поразился европеец.

Сантьяго поспешно их спрятал.

— Не продаются, — сказал он.

— Ну, стоят-то они недорого, — ответил тот. — Обыкновенные кристаллы, ничего особенного. На свете миллионы таких камешков, однако человек понимающий сразу узнает Урим и Туммим. Но я и не подозревал, что они встречаются в этих краях.

— Мне подарил их царь, — ответил юноша.

Чужеземец, словно лишившись дара речи, неверной рукой достал из кармана два камня — такие же, как у Сантьяго.

— Ты говорил с царем? — проговорил он.

— Ну да, тебе трудно представить, что цари говорят с пастухами, — сказал Сантьяго, у которого пропала охота продолжать беседу.

— Да нет, почему же. Пастухи первыми признали Царя, когда Его еще не знал никто на свете. Как раз в том, что цари говорят с пастухами, нет ничего необычного. — И Англичанин добавил, словно опасаясь, что юноша не понял: — Об этом можно прочесть в Библии, в той самой книге, из которой я узнал про Урим и Туммим. Бог разрешил гадать только на этих камнях. Жрецы носили их на золотых нагрудниках.

Теперь уж Сантьяго не жалел о том, что пришел на склад.

— Быть может, это знак, — промолвил, как бы размышляя вслух, Англичанин.

— Кто сказал тебе о знаках? — Интерес Сантьяго рос с каждым мгновением.

— Все на свете — знаки, — сказал Англичанин, откладывая свой журнал. — Давным-давно люди говорили на одном языке, а потом забыли его. Вот этот-то Всеобщий Язык, помимо прочего, я и ищу. Именно поэтому я здесь. Я должен найти человека, который владеет этим Всеобщим Языком. Алхимика.

Разговор их был прерван появлением толстого араба — владельца склада.

— Повезло вам, — сказал араб. — Сегодня после обеда в Эль-Фаюм отправляется караван.

— Но мне нужно в Египет! — растерянно воскликнул Сантьяго.

— В Египте и находится Эль-Фаюм. Ты откуда родом?

Сантьяго ответил, что он из Испании. Англичанин обрадовался: хоть одет на арабский манер, а европеец.

— Он называет знаки везением, — сказал он, когда хозяин вышел. — Если бы я взялся написать книгу о словах «везение» и «совпадение», получилась бы толстенная энциклопедия. Именно из этих слов состоит Всеобщий Язык.

И добавил, что встреча его с Сантьяго, у которого тоже, оказывается, есть Урим и Туммим, вряд ли просто совпадение. Потом осведомился, не Алхимика ли разыскивает юноша.

— Я ищу сокровища, — ответил тот и, спохватившись, прикусил язык.

Однако Англичанин вроде бы не придал значения его словам и только сказал:

— В каком-то смысле — я тоже.

— Я и не знаю толком, что такое алхимия, — сказал Сантьяго, но тут снаружи раздался голос звавшего их владельца склада.

— Караван поведу я, — сказал им во дворе длиннобородый темноглазый человек. — В моих руках жизнь и смерть всех, кто пойдет со мной, потому что пустыня — особа взбалмошная и нередко сводит людей с ума.

В путь готовились тронуться человек двести, а животных — верблюдов, лошадей, ослов — было едва ли не вдвое больше. У Англичанина оказалось несколько чемоданов, набитых книгами. Во дворе толпились женщины, дети и мужчины с саблями у пояса и длинными ружьями за спиной. Стоял такой шум, что Вожатому пришлось несколько раз повторить свои слова.

— Люди здесь собрались разные, и разным богам они молятся. Я же служу только Аллаху, и Его именем клянусь: я сделаю все возможное, чтобы опять победить пустыню. Теперь пусть каждый поклянется тем богом, в которого верует, что будет повиноваться мне, как бы ни сложились обстоятельства. В пустыне неповиновение — гибель.

Раздался приглушенный гул голосов — это каждый обратился к своему богу. Сантьяго поклялся именем Христа. Англичанин промолчал. Это продолжалось дольше, чем нужно для клятвы, — люди просили у небес защиты и покровительства.

Потом послышался протяжный звук рожка, и каждый сел в седло. Сантьяго и Англичанин, купившие себе по верблюду, не без труда взобрались на них. Юноша увидел, как тяжко нагрузил его спутник своего верблюда чемоданами книг, и пожалел бедное животное.

— А между тем никаких совпадений не существует, — словно продолжая давешний разговор, сказал Англичанин. — Я приехал сюда потому, что один мой друг услышал об арабе, который...

Но слова его потонули в шуме тронувшегося каравана. Однако Сантьяго отлично знал, что имел в виду Англичанин: существует таинственная цепь связанных друг с другом событий. Это она заставила его пойти в пастухи, дважды увидеть один и тот же сон, оказаться неподалеку от африканского побережья, встретить в этом городке царя, стать жертвой мошенника и наняться в лавку, где продают хрусталь, и...

«Чем дальше пройдешь по своему Пути, тем сильней он будет определять твою жизнь», — подумал юноша.

Караван двигался на восток. Выходили рано поутру, останавливались на привал, когда солнце достигало зенита, и, переждав пик зноя, снова трогались в путь. Сантьяго мало разговаривал с Англичанином — тот по большей части не отрывался от книги.

Юноша молча разглядывал многочисленных спутников. Теперь они не походили на тех, какими были перед началом пути. Тогда царила суета: крики, детский плач и ржание коней сливались с возбужденными голосами купцов и проводников. А здесь, в пустыне, безмолвие нарушали лишь посвист вечного ветра да скрип песка под ногами животных. Даже проводники хранили молчание.

— Я много раз пересекал эти пески, — сказал как-то ночью один погонщик другому. — Но пустыня так велика и необозрима, что и сам поневоле почувствуешь себя песчинкой. А песчинка нема и безгласна.

Сантьяго понял, о чем говорит погонщик, хотя в пустыне был впервые. Он и сам, глядя на море или в огонь, часами мог не произносить ни слова, ни о чем не думая и как бы растворяясь в безмерной силе стихий.

«Я учился у овец, учился у хрусталя, — думал он. — Теперь меня будет учить пустыня. Она кажется мне самой древностью, она — самое мудрое из всего, что я видел прежде».

А ветер здесь не стихал ни на миг, и Сантьяго вспомнил, как ощутил его силу, стоя на башне в Тарифе. Этот же ветер, должно быть, лишь слегка ерошил шерсть его овец, бродивших по пастбищам Андалусии в поисках корма и воды.

«Теперь они уже не мои, — думал он без особой грусти. — Забыли меня, наверное, привыкли к новому пастуху. Ну и ладно. Овцы, как и каждый, кто странствует с места на место, знают, что разлуки неизбежны».

Тут ему вспомнилась дочь суконщика — должно быть, она уже вышла замуж. За кого? Может, за продавца кукурузы? Или за пастуха, который тоже умеет читать и рассказывать невероятные истории — Сантьяго не один такой. То, что он почему-то был в этом уверен, произвело на юношу сильное впечатление: может, и он овладел Всеобщим Языком и знает теперь настоящее и прошлое всех на свете? «Предчувствие» — так называла этот дар его мать. Теперь он понимал, что это — быстрое погружение души во вселенский поток жизни, в котором судьбы всех людей связаны между собой. Нам дано знать все, ибо все *уже записано*.

— *Мактуб*, — промолвил юноша, вспомнив Торговца хрусталем.

Иногда песчаная пустыня вдруг становилась каменной. Если караван оказывался перед валуном, его огибали, а если перед целой россыпью камней — шли в обход. Если песок был таким рыхлым и мелким, что в нем увязали копыта верблюдов, — искали другой путь. Иногда под ногами оказывался солончак — значит, на этом месте было когда-то озеро, — и вьючные животные жалобно ржали. Погонщики спешивались, оглаживали их и успокаивали, потом взваливали поклажу себе на плечи, и лишь одолев предательский отрезок пути, вновь навьючивали верблюдов и лошадей. Если же погонщик заболевал или умирал, товарищи его бросали жребий: кто поведет его верблюдов.

Всему этому была единственная причина: сколько бы ни кружил караван, сколько бы раз ни менял направление, он неуклонно двигался к цели. Одолев препоны, снова шел на звезду, указывавшую, где расположен оазис. Увидев, как блещет она в утреннем небе, люди знали: звезда ведет их туда, где они найдут прохладу, воду, пальмы, отдых. Один только Англичанин ничего, казалось, не замечал, уткнувшись в очередную книгу.

Сантьяго в первые дни пути тоже пытался читать. Однако потом понял, что куда интересней смотреть по сторонам и слушать шум ветра. Он научился понимать своего верблюда, привязался к нему, а потом и вовсе выбросил книгу: лишняя тяжесть. Впрочем, он по-прежнему был уверен, что стоит лишь открыть книгу, в ней всякий раз найдется что-нибудь интересное.

Мало-помалу он сдружился с Погонщиком, державшимся рядом с ним. Вечерами, когда останавливались на привал и разводили костры, Сантьяго рассказывал ему всякие истории из своей пастушеской жизни.

А однажды Погонщик начал говорить о себе.

— Я жил в деревушке неподалеку от Эль-Кайрума. Был у меня дом и сад, были дети, и так я до самой смерти жил бы припеваючи. Однажды, когда выдался особенно богатый урожай, мы на вырученные деньги всей семьей даже побывали в Мекке — так я выполнил свой долг верующего и теперь уж мог умереть с чистой совестью. Я всем был доволен.

Но однажды задрожала земля, и Нил вышел из берегов. Чужая, казалось, беда коснулась теперь и меня. Соседи опасались, как бы разлив не смыл их оливковые деревья, жена тревожилась за детей. Я с ужасом смотрел, как погибает все нажитое.

Земля после того перестала родить — мне пришлось добывать себе пропитание другим способом. Так я сделался погонщиком верблюдов. Тогда и открылся мне смысл слов Аллаха: не надо бояться неведомого, ибо каждый способен обрести то, чего хочет, получить то, в чем нуждается.

Все мы боимся утратить то, что имеем, будь то наши посевы или сама жизнь. Но страх этот проходит, стоит лишь понять, что и наша судьба, и история мира пишутся одною рукой.

Иногда встречались два каравана. И не было еще случая, чтобы у одних путников не нашлось того, в чем нуждались другие. Словно и впрямь все на свете было написано одной рукой. Погонщики рассказывали друг другу о пыльных бурях и, сев в кружок у костра, делились наблюдениями над повадками пустыни.

Бывало, что к огню приходили и таинственные бедуины, до тонкостей знавшие путь, которым следовал караван. Они предупреждали, где нужно опасаться нападения разбойников и диких племен, а потом исчезали так же молча, как появлялись, словно растворясь во тьме.

В один из таких вечеров Погонщик подошел к костру, у которого сидели Сантьяго и Англичанин.

— Слух идет о войне между племенами, — сообщил он.

В воцарившейся паузе Сантьяго почувствовал, как в воздухе в самом деле повисла тревога. Еще раз он убедился, что понимает беззвучный Всеобщий Язык.

Молчание нарушил Англичанин, осведомившийся, насколько это может быть опасно для каравана.

— Когда вошел в пустыню, назад пути нет, — ответил Погонщик. — Значит, остается только идти вперед. Остальное решит за нас Аллах, Он же и отведет от нас беду. *Мактуб*, — добавил он таинственное слово и отошел.

— Зря ты не хочешь обращать внимание на то, что происходит с караваном, — сказал Сантьяго Англичанину. — Присмотрись: как бы он ни петлял, он неуклонно движется к цели.

— А ты зря не читаешь о том, что такое мир и что происходит в мире, — отвечал тот. — Книги в этом смысле подобны караванам.

Люди, как и животные, шли теперь быстрее. Если раньше они проводили в молчании дни, а на привале у костров, собираясь, вели беседы, то теперь безмолвны стали и вечера. А потом Вожатый запретил разводить костры: они могут привлечь разбойников.

Чтобы спастись от холода, путники ставили верблюдов и лошадей в круг, а сами внутри этого круга ложились вповалку. Вожатый назначал часовых, которые с оружием в руках охраняли бивак.

Как-то ночью Англичанину не спалось. Он позвал Сантьяго, и они стали прогуливаться вокруг стоянки. Светила полная луна, и Сантьяго решился рассказать ему всю свою историю.

Англичанину особенно понравилась та ее часть, которая касалась успехов, достигнутых магазином хрустальной посуды после того, как там стал работать юноша.

— Вот что движет вселенной, — сказал он. — В алхимии это называется Душа Мира. Когда чего-нибудь желаешь всей душой, то приобщаешься к Душе Мира. А в ней заключена огромная сила.

И добавил, что это свойство не одних только людей: душа есть у всего на свете, будь то камень, растение, животное или даже мысль.

— Все, что ни есть на земле, постоянно изменяется, потому что и сама земля — живая и тоже

Saturne
Lead
Iron
Venus
Copper

обладает душой. Все мы — часть этой Души, поэтому сами не отдаем себе отчета во всем том, что она постоянно делает нам во благо. Но ты, когда работал в лавке, должен был понять, что даже хрусталь способствовал твоему успеху.

Сантьяго слушал молча, поглядывая то на луну, то на белый песок.

— Я видел, как идет караван через пустыню, — сказал он наконец. — Он говорит с ней на одном языке, потому-то она и оставляет ему путь открытым. Пустыня проверит и испытает каждый его шаг, и только если убедится, что он в безупречном созвучии с нею, пропустит к оазису. А тот, кто может быть сколь угодно отважен, но не владеет этим языком, погибнет в первый же день пути.

Теперь оба глядели на луну.

— Это и есть магия знаков, — продолжал Сантьяго. — Я вижу, как проводники читают знаки пустыни, — это душа каравана говорит с душой пустыни.

После долгого молчания подал наконец голос и Англичанин:

— Да, похоже, мне стоит присмотреться к каравану.

— А мне — прочесть твои книги, — отвечал юноша.

Странные это были книги. Речь в них шла о ртути и соли, царях и драконах, но Сантьяго, как ни старался, ничего не понимал. И все же одна мысль, повторявшаяся во всех книгах, до него дошла: все на свете — разные проявления одного и того же.

Из одной книги он узнал, что самые важные сведения об алхимии — это всего несколько строчек, начертанных на поверхности изумруда.

— Это называется «Изумрудная Скрижаль», — сказал Англичанин, гордый тем, что может чему-то научить своего спутника.

— Но для чего же тогда столько книг?

— Для того чтобы понять эти несколько строчек, — отвечал Англичанин не слишком уверенным тоном.

Больше всего заинтересовала Сантьяго книга, рассказывающая о знаменитых алхимиках. То были люди, посвятившие всю свою жизнь очистке металлов в лабораториях: они верили, что если в продолжение многих и многих лет обрабатывать какой-нибудь металл, он в конце концов потеряет все свойства, присущие ему одному, и взамен обретет Душу Мира. И ученые тогда смогут постичь смысл любой вещи, существующей на земле, ибо Душа Мира и есть тот язык, на котором все они говорят между собой. Они называют это открытие *Великим Творением*, а состоит оно из двух элементов: твердого и жидкого.

— А разве не достаточно просто изучать людей и знаки, чтобы овладеть этим языком? — осведомился Сантьяго.

— Как ты любишь все упрощать! — раздраженно ответил Англичанин. — Алхимия — наука серьезная. Она требует, чтобы каждый шаг совершался в полном соответствии с тем, чему учат мудрецы.

Юноша узнал, что жидкий элемент Великого Творения называется *Эликсир Бессмертия* — он, помимо того что продлевает век алхимика, исцеляет все болезни. А твердый элемент — это *Философский Камень.*

— Отыскать его нелегко, — сказал Англичанин. — Алхимики годами сидят в своих лабораториях, следя, как очищается металл. Они так часто и так подолгу глядят в огонь, что мало-помалу освобождаются от всякой мирской суетности и в один прекрасный день замечают, что, очищая металл, очистились и сами.

Тут Сантьяго вспомнил торговца хрусталем, который говорил, что когда моешь стаканы, то и сам освобождаешь душу от мусора. Юноша все больше убеждался в том, что алхимии можно научиться и в повседневной жизни.

— А кроме того, — продолжал Англичанин, — Философский Камень обладает поразительным свойством: крохотной частицы его достаточно, чтобы превратить любое количество любого металла в золото.

После того, как он это услышал, интерес Сантьяго к алхимии значительно возрос. Он подумал, что надо лишь немного терпения — и можно будет превращать в золото все что угодно. Он ведь читал жизнеописания тех, кому это удалось: Гельвеция, Элиаса, Фулканелли, Гебера, — и истории эти приводили его в восторг. Всем этим людям удалось пройти свой Путь до конца. Они странствовали по свету, встречались с учеными мудрецами, творили чудеса, чтобы посрамить скептиков, потому что — самое главное — в их распоряжении под конец оказывались Философский Камень и Эликсир Бессмертия.

Однако когда Сантьяго попытался по книгам уяснить, что же такое Великое Творение, то зашел в тупик: кроме уймы диковинных рисунков, там была сплошная тарабарщина.

— Почему у алхимиков все так замысловато? — спросил он однажды вечером у Англичанина, который явно скучал без своих книг.

— Потому что понимать их дано лишь тем, кто сознает всю меру ответственности того, что с этим связано. Представь себе, что начнется, если каждый, кому не лень, начнет превращать свинец в золото. Очень скоро золото станет все равно что свинец. Только упорным и знающим откроется тайна Великого Творения. Вот почему я сейчас здесь, посреди пустыни. Мне нужно встретить настоящего алхимика, который поможет расшифровать таинственные записи.

— А когда были написаны эти книги?

— Много веков назад.

— Ну вот, тогда ведь еще не было типографского станка. Но что тогда, что сейчас — все равно алхимией способен овладеть далеко не каждый. Почему же это написано таким таинственным языком и рисунки такие загадочные?

Англичанин ничего не ответил. Лишь потом, помолчав немного, сказал, что уже несколько дней внимательно присматривается к каравану, но ничего нового не заметил. Вот только о войне между племенами поговаривать стали все чаще.

Через несколько дней Сантьяго вернул Англичанину его книги.

— Ну и что же ты там понял? — наполовину с иронией, наполовину с надеждой спросил тот: ему хотелось поговорить с кем-нибудь о своем, чтобы отвлечься от тревожных мыслей.

— Всё, что я понял, — что у мира есть душа, и кто постигнет эту душу, тот поймет и язык всего сущего. Еще понял, что многие алхимики нашли свой Путь и открыли Душу Мира, Философский Камень и Эликсир Бессмертия, — сказал юноша и, помолчав, добавил: — А самое главное — все это так просто, что уместится на грани изумруда.

Англичанин почувствовал разочарование. Ни то, что сам он так долго учился, ни магические символы, ни мудреные слова, ни реторты и колбы — ничего не произвело впечатления на Сантьяго.

«Он слишком примитивен, чтобы понять это», — подумал Англичанин, затем собрал свои книги и вновь засунул их в чемоданы, навьюченные на верблюда.

— Тогда изучай свой караван, — сказал он. — Мне от него было так же мало проку, как тебе — от моих книг.

И Сантьяго снова принялся внимать безмолвию пустыни и глядеть, как вздымают песок ноги верблюдов.

«У каждого свой способ учиться, — подумал он. — Ему не подходит мой, а мне — его. Но оба мы ищем свой Путь, и за одно это я не могу не уважать его».

Караван шел теперь и по ночам. Время от времени появлялись бедуины, что-то сообщали Вожатому. Погонщик верблюдов, подружившийся с Сантьяго, объяснил, что война между племенами все-таки началась. Большим везением будет, если караван сумеет добраться до оазиса.

Верблюды и лошади выбивались из сил, люди становились все молчаливее, и в ночной тишине даже конское ржание или фырканье верблюда, которые раньше были просто ржанием или фырканьем, теперь внушали всем страх, потому что могли означать приближение врага.

Погонщика, впрочем, близкая опасность не пугала.

— Я жив, — объяснял он Сантьяго однажды ночью, когда не светила луна и не разводили костров. — Вот я ем сейчас финики и ничем другим, значит, не занят. Когда еду — еду и ничего другого не делаю. Если придется сражаться, то день этот будет так же хорош для смерти, как и всякий другой. Ибо живу я не в прошлом и не в будущем, а сейчас, и только настоящая минута меня интересует. Если бы ты всегда мог оставаться в настоящем, то был бы счастливейшим из смертных. Ты бы понял тогда, что пустыня не безжизненна, что на небе светят звезды и что воины сражаются, потому что этого требует их принадлежность к роду человеческому. Жизнь стала бы тогда вечным и нескончаемым праздником, ибо в ней не было бы ничего, кроме настоящего момента.

Спустя двое суток, когда путники укладывались на ночлег, Сантьяго взглянул на звезду, указывавшую им путь к оазису. Ему показалось, что линия горизонта стала ниже: в небе над пустыней сияли сотни звезд.

— Это и есть оазис, — сказал Погонщик.

— Так почему же мы не идем туда?

— Потому что нам надо поспать.

Сантьяго открыл глаза, когда солнце начало вставать из-за горизонта. А там, где ночью сверкали звезды, теперь виднелись бесчисленные финиковые пальмы, занимавшие, казалось, всю пустыню.

— Мы дошли! — воскликнул Англичанин, который тоже только что проснулся.

Сантьяго промолчал. Он научился этому у пустыни, и теперь ему достаточно было просто смотреть на деревья. До пирамид было еще далеко. Когда-нибудь и это утро станет для него всего лишь воспоминанием. Но сейчас он жил настоящей минутой и радовался ей, как учил его Погонщик, и пытался связать ее с воспоминаниями о прошлом и с мечтами о будущем. Да, когда-нибудь эти тысячи финиковых пальм превратятся в воспоминание, но в этот миг они означали прохладу, воду и безопасность. И так же как крик верблюда в ночи мог означать приближение врага, цепочка пальм возвещала чудо избавления.

«Мир говорит на многих языках», — подумал Сантьяго.

«Когда время летит быстрее, караваны тоже прибавляют шагу», — подумал Алхимик, глядя, как входят в оазис сотни людей и животных.

Слышались крики жителей и вновь прибывших, пыль стояла столбом, застилая солнце, прыгали и визжали дети, рассматривая чужаков. Алхимик наблюдал за тем, как вожди племени приблизились к Вожатому и завели с ним долгий разговор.

Однако все это его не интересовало. Много людей приходили и уходили, а оазис и пустыня пребывали вечными и неизменными. Он видел, как ноги царей и нищих ступали по этому песку, который, хоть и менял все время по воле ветра свою форму, тоже оставался прежним — таким, каким с детства помнил его Алхимик. И все-таки ему передавалась радость, возникающая в душе каждого путешественника при виде того, как на смену синему небу и желтому песку появляются перед глазами зеленые кроны пальм.

«Быть может, Бог и сотворил пустыню для того, чтобы человек улыбался деревьям», — подумал он.

А потом решил сосредоточиться на вещах более практических. Он знал — знаки подсказали ему — что с этим караваном прибудет человек, которому следует передать часть своих тайных знаний. Алхимик, хоть и не был знаком с этим человеком, был уверен, что опытным взглядом сумеет выделить его из толпы, и надеялся, что тот будет не хуже, чем его предшественник.

«Не пойму, почему все, что я знаю, нужно сообщить ему тайно, — думал он. — Да это и трудно назвать тайнами, ведь Бог охотно раскрывает свои секреты всем существам».

Алхимик находил этому одно объяснение: то, что подлежало передаче, есть плод Чистой Жизни, которую трудно запечатлеть в словах или рисунках. Ведь люди, увлекаясь словами и рисунками, имеют склонность забывать в конце концов Всеобщий Язык.

Новоприбывших немедля привели к местным вождям. Сантьяго глазам своим не верил: оазис оказался вовсе не колодцем с двумя-тремя пальмами, как написано в книжках по истории, — он был гораздо больше иных испанских деревень. И колодцев там было три сотни, а пальм — пятьдесят тысяч, а между ними стояли бесчисленные разноцветные шатры.

— «Тысяча и одна ночь», — сказал Англичанин, которому не терпелось поскорее встретиться с Алхимиком.

Их тотчас окружили дети, с любопытством глазевшие на лошадей, верблюдов и людей. Мужчины расспрашивали, случалось ли путникам видеть бои, а женщины хотели знать, какие ткани и самоцветы привезли с собой купцы. Безмолвие пустыни воспринималось теперь как далекий сон — стоял неумолчный говор, слышался смех и крики, и казалось, что путники были раньше бесплотными духами, а теперь вновь становятся людьми из мяса и костей. Они были довольны и счастливы.

Погонщик объяснил Сантьяго, что оазисы всегда считались как бы ничейной землей, потому что населяли их в основном женщины и дети. Считалось, что они не за тех и не за этих, и воины сражались между собой в песках пустыни, оставляя оазисы как убежище.

Вожатый не без труда собрал всех и объявил, что караван останется в оазисе до тех пор, пока не стихнет межплеменная рознь. Путники найдут приют в шатрах местных жителей, которые окажут им гостеприимство, как велит Закон. После чего он попросил всех, у кого есть оружие, сдать его. Исключением не стали и те, кто охранял караван по ночам.

— Таковы правила войны, — объяснил он. — Оазис не может принимать солдат или воинов.

Сантьяго очень удивился, когда Англичанин вытащил из кармана хромированный револьвер и отдал его сборщику.

— Зачем тебе револьвер? — спросил юноша.

— Чтобы научиться доверять людям, — ответил Англичанин: он был очень доволен тем, что совсем скоро отыщет то, за чем пустился в путь.

А Сантьяго продолжал размышлять о своем сокровище. Чем ближе он был к осуществлению своей мечты, тем больше трудностей оказывалось на его пути. То, что старый царь Мельхиседек называл «новичкам везет», перестало действовать, а действовали, как он понимал, упорство и отвага человека, отыскивающего свой Путь. А потому он не мог ни торопиться, ни потерять терпение, иначе знаки, которые Господь расставил на его пути, могут так и остаться незамеченными.

«Господь расставил», — повторил он про себя, удивляясь этой мысли. До сих пор ему казалось, что эти знаки — часть мира, то же, что голод или жажда, поиски любви или работы. Он не думал, что это язык, на котором говорит с ним Бог, показывая, чего от него хочет.

«Не торопись, — сказал он себе. — Как говорил погонщик верблюдов, ешь в час еды, а придет час пути — отправляйся в путь».

В первый день все, включая Англичанина, отсыпались с дороги. Сантьяго поместили в шатер с пятью другими юношами примерно его возраста. Все они были местные и потому очень хотели разузнать, как живут в больших городах.

Он уже успел рассказать им, как пас овец, и только собирался перейти к своей работе в лавке хрустальных изделий, как в шатер вошел Англичанин.

— Все утро тебя ищу, — сказал он, вытаскивая Сантьяго наружу. — Ты мне нужен. Помоги мне найти Алхимика.

Двое суток они искали его поодиночке, полагая, что живет Алхимик не так, как другие, и очень вероятно, что в его шатре всегда горит очаг. Они бродили из конца в конец оазиса, пока не поняли, что он гораздо больше, чем им казалось поначалу, — там было несколько сотен шатров.

— Целый день потеряли впустую, — сказал Англичанин, присаживаясь возле одного из колодцев.

— Надо бы расспросить о нем, — сказал Сантьяго.

Однако Англичанин колебался — ему не хотелось обнаруживать свое присутствие. Но в конце концов он согласился и попросил Сантьяго, который хорошо говорил по-арабски, навести справки об Алхимике. И юноша обратился к женщине, подошедшей к колодцу, чтобы наполнить водой бурдюк.

— Добрый день, госпожа. Не знаете ли, где бы нам найти Алхимика? — спросил он.

Женщина ответила, что никогда не слышала о таком, и поспешила уйти. Правда, перед этим предупредила Сантьяго, что он должен уважать обычай и не обращаться к замужним женщинам, одетым в черное.

Разочарованию Англичанина не было предела. Проделать такой путь — и все впустую! Юноша тоже был огорчен за него — ведь и его спутник искал свой Путь. А в этом случае, по словам Мельхиседека, Вселенная приходит на помощь человеку, делая все, чтобы он преуспел. Неужели старый царь ошибся?

5 – 1513

— Я раньше никогда не слышал об алхимиках, — сказал он. — А то бы постарался тебе помочь.

Глаза Англичанина сверкнули.

— Ну конечно! — вскричал он. — Здесь никто не знает о том, что он Алхимик! Надо спрашивать о человеке, который может вылечить любой недуг!

К колодцу подошли несколько женщин в черном, но Сантьяго, как ни просил его Англичанин, не стал задавать им вопросы. Но вот наконец появился и мужчина.

— Вы не знаете здесь человека, который лечит все болезни? — спросил юноша.

— Все болезни лечит только Аллах, — отвечал тот, испуганно оглядев чужеземцев. — Вы ищете колдунов?

Он пробормотал несколько сур из Корана и пошел своей дорогой.

Через какое-то время появился другой; он был постарше, а в руке нес ведро. Сантьяго задал ему тот же вопрос.

— Зачем вам такие люди? — осведомился он.

— Мой друг проделал долгий путь, чтобы найти его.

— Если в нашем оазисе и есть такой, он должен быть очень могущественным человеком, —

подумав, сказал старик. — Даже вожди племени не могут увидеть его, когда пожелают. Они встречаются, когда этого хочет он. Переждите здесь войну, а потом уходите. Не надо вам вмешиваться в жизнь нашего оазиса, — и он ушел.

Однако Англичанин, почуяв, что напал на след, очень обрадовался.

А к колодцу подошла, наконец, не замужняя женщина в черном, а девушка с кувшином на плече. На голове у нее было покрывало, но лицо открыто. Сантьяго решил расспросить у нее об Алхимике и подошел поближе.

И тут — словно бы время остановилось и Душа Мира явилась перед ним во всем своем могуществе. Взглянув в черные глаза этой девушки, на ее губы, словно не знавшие, что им сделать: оставаться ли сомкнутыми или дрогнуть в улыбке, — Сантьяго в один миг уразумел самую важную, самую мудреную часть того языка, на котором говорит мир и который все люди постигают сердцем. Она называется Любовь, она древнее, чем род человеческий, чем сама эта пустыня. И она своевольно проявляется, когда встречаются глазами мужчина и женщина — так произошло и сейчас, у этого колодца.

Губы девушки решили наконец улыбнуться, и это был знак, тот самый знак, которого Сантьяго, сам того не зная, ждал так долго, который искал у своих овец и в книгах, в хрустале и в безмолвии пустыни.

Это был чистый и внятный язык, не нуждавшийся в переводе и объяснениях, как не нуждается в них Вселенная, свершающая свой путь в бесконечности. Сантьяго же в ту минуту понял только, что стоит перед своей суженой и та без слов тоже должна понять это. Он был уверен в этом со всей непреложностью — больше, чем в том, что он сын своих родителей, хотя родители наверняка сказали бы, что надо сначала влюбиться, посвататься, узнать человека как следует, скопить денег, а уж потом жениться.

Но тот, кто дает такой совет, не владеет Всеобщим Языком, ибо, когда погрузишься в него, становится ясно: посреди ли пустыни или в большом городе — всегда один человек ждет и ищет другого. И когда пути этих двоих сходятся, когда глаза их встречаются, и прошлое, и будущее теряют всякое значение, а существует лишь одна эта минута и невероятная уверенность в том, что все на свете написано одной и той же рукой. Рука эта пробуждает в душе любовь и отыскивает душу-близнеца для всякого, кто работает, отдыхает или ищет сокровища. А иначе в мечтах, которыми обуреваем род людской, не было бы ни малейшего смысла.

«*Мактуб*», — подумал юноша.

Англичанин вскочил с места и потряс Сантьяго за плечо:

— Ну, спроси же ее!

Сантьяго приблизился к девушке. Она с улыбкой обернулась к нему, и он улыбнулся в ответ.

— Как тебя зовут? — спросил он.

— Фатима, — потупившись, отвечала она.

— В тех краях, откуда я родом, многие женщины тоже носят такое имя.

— Так звали дочь Пророка, — отвечала Фатима. — Наши воины принесли это имя в дальние земли.

В словах этой хрупкой и изящной девушки звучала гордость. Англичанин нетерпеливо подталкивал Сантьяго, и тот спросил, не знает ли она человека, исцеляющего все болезни.

— Это человек, который владеет всеми тайнами мира, — сказала она. — Он разговаривает с джиннами пустыни.

Джинн — это демон. Девушка показала на юг — в той стороне и жил человек, которого они искали. Потом набрала воды в свой кувшин и ушла.

Англичанин отправился искать Алхимика. А Сантьяго еще долго сидел у колодца и думал, что когда-то, еще на родине, восточный ветер донес до него благоухание этой женщины, что он любил ее, еще не подозревая о ее существовании, и что эта любовь стоит, пожалуй, всех сокровищ земных.

На следующий день он опять пришел к колодцу и стал поджидать девушку. Однако к своему удивлению обнаружил там Англичанина, который впервые оглядывал пустыню.

— Я ждал весь вечер, дотемна, — сказал тот. — Когда зажглись первые звезды, появился и он. Я рассказал ему о том, что ищу. А он спросил, удавалось ли мне уже превращать свинец в золото. Я ответил, что этому-то и желаю научиться. Он велел мне пробовать снова. Так и сказал: «Иди и пробуй».

Сантьяго притих. Для того ли Англичанин столько странствовал по свету, чтобы услышать то, что знал и так? И тут вспомнил, что сам отдал своих овец Мельхиседеку, получив взамен не больше.

— Ну так пробуй! — сказал он.

— Я и собираюсь. И начну прямо сейчас.

Англичанин ушел, и вскоре появилась Фатима со своим кувшином.

— Я пришел сказать тебе только одно, — обратился к ней юноша. — Я хочу, чтобы ты стала моей женой. Я люблю тебя.

Девушка уронила сосуд, и вода разлилась.

— Я буду ждать тебя здесь. Я пересек пустыню в поисках сокровищ, которые находятся где-то у пирамид. Но тут началась эта война. Сначала я проклинал ее. А теперь благословляю, потому что она привела меня к тебе.

— Война когда-нибудь закончится, — отвечала девушка.

Сантьяго оглядел финиковые пальмы. Он был когда-то пастухом, а в этом оазисе много овец. Фатима дороже всех сокровищ. Но девушка, словно прочитав его мысли, продолжала:

— Воины ищут сокровища. А женщины пустыни гордятся ими.

Потом доверху наполнила свой кувшин и ушла.

Сантьяго каждый день приходил к колодцу. Он уже рассказал Фатиме, как пас овец, как повстречал Мельхиседека, как торговал хрусталем. Постепенно они подружились. За исключением тех пятнадцати минут, что юноша проводил с нею, день для него тянулся нескончаемо долго.

Когда истек месяц, Вожатый созвал всех путешественников.

— Неизвестно, когда кончится война, — сказал он. — Продолжать путь мы не можем. А бои будут идти еще долго, затянутся на годы. В каждом из враждующих племен есть отважные и сильные воины, каждое дорожит своей честью и не уклоняется от боя. Тут воюют не хорошие с плохими, тут бьются за власть, а такие войны, однажды начавшись, долго не кончаются, ибо Аллах и за тех, и за других.

Люди разошлись. Сантьяго, увидевшись с Фатимой, передал ей слова Вожатого.

— Уже на второй день после нашей встречи, — сказала она, — ты объяснился мне в любви. А потом рассказал о столь прекрасных вещах — таких, как Всеобщий Язык и Душа Мира, — что я постепенно становлюсь частью тебя.

Сантьяго слушал ее голос, и он казался ему прекрасней, чем шелест ветра в кронах финиковых пальм.

— Я уже давно поджидаю тебя у этого колодца. Я забыла о своем прошлом, о наших обычаях, о том, как, по мнению мужчин нашего племени, должно вести себя девушке. С самого раннего детства я мечтала, что пустыня преподнесет мне подарок, какого в жизни еще не бывало. И вот я получила его. Это ты.

Сантьяго хотел взять ее за руку, но Фатима продолжала крепко сжимать кувшин.

— Ты говорил мне о своих снах, о старом царе Мельхиседеке, о сокровищах. О знаках. И теперь я ничего не боюсь, потому что именно они дали мне тебя. А я — часть твоей мечты, твоей Судьбы.

И потому я хочу, чтобы ты не останавливался, а продолжал искать то, что ищешь. Если тебе придется ждать, когда кончится война, не страшно. Но если придется уйти раньше, ступай на поиски Своей Судьбы. Ветер изменяет форму песчаных барханов, но пустыня остается прежней. И прежней останется наша любовь.

Мактуб.

Если я — часть твоей Судьбы, когда-нибудь ты вернешься ко мне.

Сантьяго огорчил этот разговор. Юноша шел, припоминая, каких трудов стоило многим его знакомым пастухам убедить жен, что они не могут обойтись без далеких пастбищ. Любовь требует, чтобы ты был рядом с той, кого любишь.

На следующий день он рассказал об этом Фатиме.

— Пустыня уводит наших мужчин и не всегда возвращает, — отвечала она. — Мы знаем это, и мы к этому привыкли. Хотя они не возвращаются, но они всегда с нами: они облака, не проливающиеся дождем, звери, прячущиеся меж камней, вода, которую, как милость, дарит нам земля. Они становятся частью всего... Они вливаются в Душу Мира.

Некоторым удается вернуться. И тогда праздник у всех наших женщин, потому что мужья, которых они ждут, тоже когда-нибудь придут домой. Раньше я глядела на этих женщин с завистью. Теперь и мне будет кого ждать.

Я — женщина пустыни и горжусь этим. Я хочу, чтобы и мой муж был волен, как ветер, гоняющий песок. Я хочу, чтобы и он был неотделим от облаков, зверей и воды.

Сантьяго отправился на поиски Англичанина. Он хотел рассказать ему о Фатиме и удивился, увидев, что тот поставил рядом со своим шатром очаг, а на него стеклянный сосуд. Англичанин совал в печь хворост, поддерживая огонь, и поглядывал на пустыню. В глазах его появился блеск, какого не было в те дни, когда он не отрывался от книги.

— Это первая стадия работы, — объяснил он Сантьяго. — Надо отделить нечистую серу. Главное — нельзя бояться, что ничего не выйдет. Я вот боялся и до сегодняшнего дня не мог приняться за Великое Творение. Еще десять лет назад можно было сделать то, что я делаю сейчас. Счастье еще, что я ждал десять лет, а не двадцать.

И он продолжал совать в печь хворост и поглядывать на пустыню. Сантьяго сидел с ним рядом до тех пор, пока лучи закатного солнца не окрасили песок в розоватый цвет. Тут он испытал нестерпимое желание уйти туда, в пустыню, чтобы проверить, не найдется ли у ее безмолвия ответов на его вопросы.

Он долго брел куда глаза глядят, оборачиваясь время от времени на финиковые пальмы, чтобы не терять из виду оазис. Он слышал голос ветра, ощущал под ногой камни. Иногда видел раковину — когда-то в незапамятные времена на месте этой пустыни было море. Потом присел на камень и, как зачарованный, устремил взгляд на горизонт. Он не представлял себе любовь без обладания, но Фатима родилась в пустыне, и если что-то и может научить его этому, то лишь пустыня.

Так сидел он, ни о чем не думая, пока не ощутил какое-то дуновение над головой. Он вскинул глаза к небу и увидел в вышине двух ястребов.

Сантьяго долго следил за ними, за тем, какие прихотливые узоры вычерчивают они в небе. Ястребы, казалось, парят без смысла и цели, но юноша ощущал в их полете какое-то значение, только не смог бы сказать какое. Он решил провожать глазами каждое их движение — может быть, тогда ему станет внятен их язык. Может быть, тогда пустыня объяснит ему, что такое любовь без обладания.

Внезапно его стало клонить в сон. Сердце противилось этому, будто говоря: «Ты близок к постижению Всеобщего Языка, а в этом краю все, даже полет ястребов в небе, исполнено смысла».

Сантьяго мысленно поблагодарил судьбу за то, что полон любви.

«Когда любишь, все еще больше обретает смысл», — подумал он.

В эту минуту один ястреб круто спикировал на другого, и тотчас глазам юноши предстало видение: воины с обнаженными саблями входят в оазис. Оно мелькнуло и исчезло, оставив тревогу и волнение. Он много слышал о миражах и сам несколько раз видел, как человеческие желания обретают плоть в песках пустыни. Но ему вовсе не хотелось, чтобы в оазис ворвалось войско.

Сантьяго попытался было выбросить эти мысли из головы и вернуться к созерцанию розовеющих песков и камней. Но что-то мешало ему сосредоточиться, и сердце продолжало томиться тревогой.

«Всегда следуй знакам», — наставлял его царь Мельхиседек.

Юноша подумал о Фатиме. Вспомнил о том, что видел, и почувствовал: что-то должно произойти.

С трудом вышел он из оцепенения. Поднялся и двинулся обратно, по направлению к финиковым пальмам. Еще раз мир показал ему, что говорит на многих языках: теперь уже не пустыня, а оазис сулил опасность.

Погонщик верблюдов сидел, прислонясь спиной к стволу пальмы, и тоже глядел на запад. В эту минуту из-за бархана появился Сантьяго.

— Сюда идет войско, — сказал юноша. — У меня было видение.

— Пустыня наполняет сердца мужчин видениями, — ответил Погонщик верблюдов.

Но юноша рассказал ему о ястребах, о том, как он следил за их полетом и вдруг погрузился в Душу Мира.

Погонщик не удивился — он понял, о чем говорил юноша. Он знал, что любая вещь на поверхности земли способна рассказать историю всей земли. Открой на любой странице книгу, погляди на руки человека, достань любую карту из колоды, проследи полет ястреба в небе — непременно отыщешь связь с тем, чем живешь в эту минуту. И дело тут не столько в самих вещах, сколько в том, что люди, глядя на них, открывают для себя способ проникнуть в Душу Мира.

В пустыне много людей, которые зарабатывают на жизнь своим умением проникать в Душу Мира. Их боятся женщины и старики, а называют их прорицателями. Воины редко обращаются к ним, потому что трудно идти в битву, зная, что тебя там убьют. Воины предпочитают неизвестность и те ощущения, которые дарует человеку битва. Будущее написано рукой Всевышнего, и что бы ни значилось на этих скрижалях, написано Им, а то, что Он написал, всегда было во благо человеку.

Воины живут лишь настоящим, ибо оно полно неожиданностей, а потому надо обращать внимание на тысячу разных разностей: с какой стороны заносится над твоей головой сабля врага, как скачет его конь, как ты должен отразить удар, если хочешь сохранить жизнь.

Но Погонщик не был воином и потому уже много раз справлялся у прорицателей: одни угадывали безошибочно, у других это не получалось. И однажды самый старый из них (его-то больше всех и боялись) спросил, для чего он хочет знать будущее.

— Я хочу знать, что мне делать, — ответил тот. — И чтобы я мог изменять ход тех событий, которые мне хочется предотвратить.

— Но тогда они не станут твоим будущим, — ответил Прорицатель.

— Ну, может быть, я смогу приготовиться к тому, что со мной произойдет.

— Если произойдет что-нибудь хорошее, это будет приятной неожиданностью. А если плохое — ты почувствуешь это задолго до того, как оно случится.

— Я хочу знать, что со мной будет, потому что я человек, — сказал на это Погонщик. — А люди зависят от своего будущего.

Прорицатель довольно долго молчал. Он предсказывал судьбу по прутикам — бросал их наземь и смотрел, как они лягут. В тот день он решил не гадать. Завернул их в платок и спрятал в карман.

— Я зарабатываю себе на хлеб, рассказывая людям, что их ждет, — ответил он наконец. — Я знаю, как бросить прутики, чтобы с их помощью проникнуть в то пространство, где все про всех написано. А уж оказавшись там, я читаю прошлое, открываю то, что уже было забыто, и распознаю знаки настоящего.

Будущее я не читаю, я его отгадываю, ибо оно принадлежит Всевышнему, и он лишь в исключительных обстоятельствах приподнимает над ним завесу. Как мне это удается? По знакам настоящего. Именно в нем, в настоящем, весь секрет. Уделишь ему должное внимание — сможешь улучшить его. А улучшишь нынешнее свое положение — сделаешь благоприятным и грядущее. Не заботься о будущем, живи настоящим, и пусть каждый твой день проходит так, как заповедано Законом. Верь, что Всевышний заботится о своих детях. Каждый день несет в себе частицу вечности.

Тогда Погонщик захотел узнать, что же это за исключительные обстоятельства, при которых Господь позволяет узнавать будущее.

— Только если Он Сам раскрывает его. А Всевышний раскрывает будущее очень редко. И когда Он так поступает, то только по одной причине: *предначертанное должно быть изменено*.

«Этому юноше Всевышний приоткрыл грядущее, — думал сейчас Погонщик. — Он избрал его своим орудием».

— Ступай к вождям, — велел он Сантьяго. — Расскажи им о том, что к нам приближается войско.

— Они поднимут меня на смех.

— Нет. Это люди пустыни, а значит, они привыкли не оставлять без внимания знаки и приметы.

— Тогда они и сами должны все знать.

— Они не заботятся об этом, ибо верят, что, если им по воле Аллаха нужно будет что-то узнать, кто-нибудь придет и расскажет. Так уже много раз бывало раньше. А теперь этим *кем-то* станешь ты.

Сантьяго подумал о Фатиме и решился предстать перед вождями племен, населявших оазис.

— Пропусти меня к вождям, — сказал он часовому, стоявшему у входа в огромный белый шатер. — В пустыне я видел знаки.

Воин молча вошел в шатер и оставался там довольно долго. Потом появился в сопровождении молодого араба в белом с золотом бурнусе. Сантьяго рассказал ему о своем видении. Тот попросил подождать и снова скрылся внутри.

Спустилась ночь. Входили и выходили арабы и чужеземные купцы. Вскоре погасли костры, и оазис постепенно сделался безмолвен, как пустыня. Лишь в большом шатре горел свет. Все это время Сантьяго думал о Фатиме, хотя смысл давешнего разговора с нею оставался темен для него.

Наконец после долгого ожидания его впустили в шатер.

То, что он там увидел, ошеломило его. Он и подумать не мог, что посреди пустыни может быть такое. Нога утопала в великолепных коврах, сверху свисали светильники из чистого золота с зажженными свечами. Вожди племен полукругом сидели в глубине на шелковых, богато вышитых подушках. На серебряных подносах слуги разносили сласти и чай. Другие следили за тем, чтобы не гасли наргиле, и в воздухе витал тонкий аромат табачного дыма.

Перед Сантьяго было восемь человек, но он сразу понял, что главный — это сидевший посередине араб в белом, затканном золотом бурнусе. Рядом сидел тот молодой человек, что выходил к нему из шатра.

— Кто тот чужестранец, который толкует о знаках? — спросил один из вождей.

— Это я, — отвечал Сантьяго и сообщил обо всем, что видел.

— Почему же пустыня решила рассказать обо всем чужаку, если знает, что еще наши прадеды жили здесь? — спросил другой вождь.

— Потому что мои глаза еще не привыкли к пустыне и видят то, чего уже не замечают глаза местных, — сказал Сантьяго, а про себя добавил: «И потому что мне открыта Душа Мира».

Вслух он этого не произнес — арабы не верят в такие вещи.

— Оазис — ничейная земля. Никто не осмелится вторгнуться сюда, — воскликнул третий вождь.

— Я говорю лишь о том, что видел сам. Не верите — оставьте все как есть.

В шатре повисла напряженная тишина, а потом вожди с жаром заспорили между собой. Они

говорили на наречии, которого Сантьяго не понимал, но, когда он сделал движение к выходу, стражник удержал его. Юноше стало страшно. Знаки указывали на опасность, и он пожалел, что разоткровенничался с Погонщиком.

Но вот старик, сидевший в центре, чуть заметно улыбнулся, и Сантьяго сразу успокоился. До сих пор тот не проронил ни слова и не принимал участия в споре. Но юноша, которому был внятен Язык Мира, чувствовал, как от приближения войны сотрясается шатер, и понял, что поступил правильно, явившись сюда.

Все смолкли и внимательно выслушали старика. А тот обернулся к Сантьяго, и на этот раз на лице его юноша заметил отчужденно-холодное выражение.

— Две тысячи лет назад далеко-далеко отсюда бросили в колодец, а потом продали в рабство человека, который верил в сны, — заговорил старик. — Наши купцы привезли его в Египет. Все мы знаем, что тот, кто верит в сны, умеет и толковать их.

«Хоть и не всегда может воплощать их в явь», — подумал Сантьяго, припомнив старую цыганку.

— Тот человек, сумев растолковать фараону его сон о семи коровах тощих и семи тучных, избавил Египет от голода. Имя его было Иосиф.

Он тоже был чужеземцем, как и ты, и лет ему было примерно столько же, сколько тебе.

Он помолчал. Глаза его были по-прежнему холодны.

— Мы всегда следуем Обычаю. Обычай спас Египет от голода, сделал его народ самым богатым из всех. Обычай учит, как должно пересекать пустыню и выдавать замуж наших дочерей. Обычай гласит, что оазис — ничейная земля, ибо обе воюющие стороны нуждаются в нем и погибнут без него.

Никто не произносил ни слова.

— Но Обычай велит нам также верить посланиям пустыни. Всему, что мы знаем, научила нас пустыня.

По его знаку все арабы поднялись. Совет был окончен. Наргиле погасли, стража вытянулась. Сантьяго собрался было выйти, но старик заговорил снова:

— Завтра мы преступим закон, по которому никто не имеет права носить в оазисе оружие. Целый день мы будем поджидать врага, а когда солнце сядет, мои воины вновь сдадут мне оружие. За каждых десятерых убитых врагов ты получишь по золотой монете. Но оружие, раз взятое в руки, нельзя просто так положить на место — оно должно вкусить крови врага. Оно капризно, как пустыня, и в следующий раз может отказаться разить. Если нашему оружию не найдется завтра никакого иного дела, то мы его обратим против тебя.

Когда юноша покинул шатер, он увидел, что оазис был освещен только светом полной луны. До шатра, в котором он жил, ходьбы было минут двадцать, и юноша стал пробираться в его сторону.

Он был встревожен тем, что произошло. Ему удалось проникнуть в Душу Мира, и за это, быть может, ему придется заплатить собственной жизнью. Не слишком ли дорого? Но он сам решился на такие ставки, когда продал своих овец, чтобы следовать Своей Судьбе. И, как говорил Погонщик, двум смертям не бывать... Не все ли равно: завтра это произойдет или в любой другой день? Всякий день годится, чтобы быть прожитым или стать последним. Все зависит от слова «*Мактуб*».

Сантьяго шел молча. Он ни в чем не раскаивался и ни о чем не жалел. Если завтра он умрет, значит, Бог не хочет изменять его будущее. Но он умрет, уже успев одолеть пролив, поработать в лавке, пересечь пустыню, узнать ее безмолвие и глаза Фатимы. Ни один день его с тех самых пор, как он ушел из дому, не пропал впустую. И если завтра глаза его закроются навеки, то они все же успели увидеть много больше, чем глаза других пастухов. Сантьяго гордился этим.

Внезапно он услышал грохот, и шквальным порывом неведомого ветра его швырнуло наземь. Облако пыли закрыло луну. Перед собой юноша увидел огромного белого коня — тот поднялся на дыбы и оглушительно ржал.

Когда пыль немного осела, Сантьяго обуял никогда еще доселе не испытанный ужас. На белом коне сидел всадник в тюрбане — весь в черном, с соколом на левом плече. Лицо его было закрыто так, что видны были только глаза. Если бы не исполинский рост, он походил бы на одного из тех бедуинов, которые встречали караван и рассказывали путникам, что делается в пустыне.

Лунный свет заиграл на изогнутом клинке — это всадник выхватил саблю, притороченную к седлу. Громовым голосом, которому, казалось, отозвались гулким эхом все пятьдесят тысяч пальм оазиса Эль-Фаюм, он вскричал:

— Кто осмелился узреть смысл в полете ястребов?

— Я, — ответил Сантьяго.

В эту минуту всадник показался ему необыкновенно похожим на изображение Святого Иакова, Победителя Мавров, верхом на белом коне, топчущего копытами неверных. В точности такой — только здесь все было наоборот.

— Я, — повторил он и опустил голову, готовясь принять разящий удар. — Много жизней будет спасено, ибо вы не приняли в расчет Душу Мира.

Но клинок отчего-то опускался медленно, покуда острие его не коснулось лба юноши. Выступила капелька крови.

Всадник был неподвижен. Сантьяго тоже замер. Он даже и не пробовал спастись бегством. Где-то в самой глубине его существа разливалась странная радость: он умрет во имя Своей Судьбы. И за Фатиму. Стало быть, знаки не обманули. Вот перед ним Враг, а потому смерть не страшит его, ибо Душа Мира существует, и через мгновение он станет ее частью. А завтра та же участь постигнет и Врага.

Всадник между тем все не наносил удар.

— Зачем ты это сделал?

— Я всего лишь услышал и понял то, что поведали мне ястребы. Они хотели спасти оазис. Его защитники перебьют вас — их больше.

Острие по-прежнему лишь касалось его лба.

— Кто ты такой, что вмешиваешься в предначертания Аллаха?

— Аллах сотворил не только войско, но и птиц. Аллах открыл мне их язык. Все на свете написано одной рукой, — ответил юноша, припомнив слова Погонщика.

Всадник наконец отвел саблю. Сантьяго перевел дух.

— Поосторожней с предсказаниями, — сказал всадник. — Никто не избегнет того, что предначертано.

— Я видел только войско, — сказал юноша. — Исход битвы мне не известен.

Всаднику понравился такой ответ, но он медлил спрятать саблю в ножны.

— А что здесь делает чужеземец?

— Я ищу свой Путь. Но тебе не понять, что это такое.

Всадник вложил саблю в ножны. Сокол у него на плече издал пронзительный крик. Напряжение, владевшее Сантьяго, стало ослабевать.

— Я хотел испытать твою отвагу. Ничего нет важнее для тех, кто ищет Язык Мира.

Юноша удивился. Всадник рассуждал о вещах, в которых мало кто смыслил.

— Кроме того, нельзя расслабляться ни на миг, даже когда одолел долгий путь, — продолжал тот. — И можно любить пустыню, доверять же ей полностью нельзя. Ибо пустыня — это испытание для человека: стоит отвлечься хоть на миг — и ты погиб.

Его слова напомнили Сантьяго старого Мельхиседека.

— Если к тому времени, когда придут воины, голова у тебя еще останется на плечах, разыщи меня, — сказал всадник.

В руке, которая совсем недавно сжимала рукоять сабли, теперь появилась плеть. Конь рванулся, снова взметнув тучу пыли из-под копыт.

— Где ты живешь? — крикнул Сантьяго вслед.

Всадник на скаку ткнул плетью в сторону юга.

Так юноша повстречал Алхимика.

На следующее утро под финиковыми пальмами оазиса Эль-Фаюм стояли две тысячи вооруженных людей. Солнце было еще низко, когда на горизонте показались пятьсот воинов. Всадники проникли в оазис с севера, делая вид, что пришли с миром, и пряча оружие под белыми бурнусами. Лишь когда они подошли вплотную к большому шатру вождей, в руках у них оказались ружья и кривые сабли. Но шатер был пуст.

Жители оазиса окружили всадников пустыни, и через полчаса на песке лежало четыреста девяносто девять трупов. Детей увели в пальмовую рощу, и они ничего не видели, как и женщины, которые оставались в шатрах, молясь за своих мужей. Если бы не распростертые тела погибших, оазис выглядел бы таким же, как всегда.

Уцелел только тот, кто командовал конницей, налетевшей на Эль-Фаюм. Его привели к вождям племен, и те спросили, почему он дерзнул нарушить Обычай. Он отвечал, что его воины, измучившись многодневными боями, голодом и жаждой, решили захватить оазис и потом вновь начать войну.

Вождь сказал, что, как ни сочувствует он воинам, но нарушать Обычай не вправе никто. В пустыне меняется под воздействием ветра только облик песчаных барханов, все же прочее пребывает неизменным.

Военачальника приговорили к позорной смерти: не удостоив ни пули, ни удара саблей, его повесили на засохшей финиковой пальме, и ветер из пустыни долго раскачивал его труп.

Вождь позвал чужестранца и вручил ему пятьдесят золотых монет. Потом снова рассказал историю Иосифа и попросил юношу стать своим Главным Советником.

Когда зашло солнце и на небе тускло (потому что было полнолуние) засветились первые звезды, Сантьяго пошел на юг. Там стоял только один шатер, и встречные говорили ему, что место это излюблено джиннами. Однако он уселся возле шатра и стал ждать.

Алхимик появился нескоро — луна была уже высоко. С плеча у него свисали два мертвых ястреба.

— Я здесь, — сказал Сантьяго.

— И напрасно. Разве ко мне ведет твоя Судьба?

— Идет война. Мне не пересечь пустыню.

Алхимик спешился и знаком пригласил Сантьяго войти в шатер, — точно такой же, как и у всех жителей оазиса, если не считать убранного со сказочной роскошью шатра вождей. Сантьяго искал взглядом тигли и горн, стеклянные алхимические реторты, однако ничего не нашел, кроме нескольких растрепанных книг. Пол покрывали ковры, украшенные таинственными узорами.

— Садись, я приготовлю чаю, — сказал Алхимик. — Поужинаем этими ястребами.

Юноша подумал, что это те самые птицы, которых он накануне видел в небе, но вслух не сказал ни слова. Алхимик растопил очаг, и вскоре шатер заполнился ароматом жареной дичи. Он был вкуснее дыма наргиле.

— Зачем ты хотел меня видеть?

— Все дело в знаках. Ветер рассказал мне, что ты придешь и что тебе потребуется моя помощь.

— Нет, это не я, а другой путник — Англичанин. Это он искал тебя.

— Прежде чем он меня найдет, ему предстоит много других встреч. Однако он на верном пути. Он смотрит уже не только в книги.

— А я?

— Если ты чего-нибудь хочешь, вся Вселенная будет содействовать тому, чтобы желание твое сбылось, — повторил Алхимик слова старого Мельхиседека, и юноша понял, что повстречал еще одного человека, который поможет ему следовать Своей Судьбе.

— Ты будешь меня учить? — спросил он.

— Нет. Ты уже знаешь все что нужно. Я только укажу направление, в котором находится твое сокровище.

— Но в пустыне идет война, — повторил Сантьяго.

— Я знаю пустыню.

— Я уже нашел свое сокровище. У меня есть верблюд, деньги, которые я заработал, торгуя

6 – 1513

хрусталем, и еще полсотни золотых. Теперь на родине я стану богачом.

— Однако все это ни на шаг не приближает тебя к пирамидам, — напомнил Алхимик.

— У меня есть Фатима. Это сокровище стоит всего остального.

— От нее до пирамид тоже далеко.

Они замолчали и принялись за еду. Алхимик откупорил бутылку и налил в стакан Сантьяго какой-то красной жидкости. Это оказалось вино, равного которому юноша в жизни своей не пробовал. Однако Закон запрещает пить вино.

— Зло не в том, что входит в уста человека, а в том, что выходит из них, — сказал Алхимик.

От вина Сантьяго повеселел. Но хозяин попрежнему внушал ему страх. Они сидели рядом у входа в шатер и глядели, как меркнут звезды при свете полной луны.

— Выпей еще — это отвлечет тебя, — сказал Алхимик, который заметил, как подействовало вино на юношу. — Наберись сил, как подобает воину перед битвой. Но не забывай, что сердце твое там, где сокровища. А их надо найти, ибо только так все, что ты понял и прочувствовал на пути к ним, обретет смысл.

Завтра продай своего верблюда и купи коня. У верблюдов коварный нрав: они шагают и шагают без устали. А потом вдруг опускаются на колени и умирают. Конь же выбивается из сил постепенно. И всегда можно сказать, сколько еще он может проскакать и когда падет.

Прошел день, и к вечеру Сантьяго, ведя в поводу коня, пришел к шатру Алхимика. Вскоре появился и тот, сел на коня, а сокол занял свое место у него на левом плече.

— Покажи мне жизнь пустыни, — сказал он. — Лишь тот, кто найдет здесь жизнь, сможет разыскать сокровища.

Они пустились в путь по пескам, освещенным луной. «Вряд ли мне удастся это, — думал Сантьяго. — Я совсем не знаю пустыни и не смогу найти в ней жизнь».

Он хотел было обернуться к Алхимику и сказать ему об этом, но побоялся. Подъехали к тем камням, возле которых юноша следил за полетом ястребов.

— Боюсь, ничего у меня не выйдет, — все же решился Сантьяго. — Знаю, что в пустыне есть жизнь, но найти ее не сумею.

— Жизнь притягивает жизнь, — отвечал на это Алхимик.

Юноша понял его, отпустил поводья, и конь его сам стал выбирать себе дорогу по пескам и камню. Алхимик ехал следом. Так прошло полчаса. Уже скрылись вдали финиковые рощи, исчезло все, кроме валунов, в свете гигантской луны отблескивавших серебром. Наконец конь Сантьяго остановился — юноша никогда не бывал здесь прежде.

— Здесь есть жизнь, — сказал он Алхимику. — Мне неведом язык пустыни, зато мой конь знает язык жизни.

Они спешились. Алхимик хранил молчание. Поглядывая на камни, он медленно двигался вперед. Потом вдруг остановился, осторожно нагнулся. В земле между камнями чернело отверстие. Он сунул туда палец, а потом запустил руку по плечо. Что-то зашевелилось там внутри, и Сантьяго увидел в глазах Алхимика — только глаза ему и были видны — напряженное внимание: он словно боролся с кем-то. Потом резко, так что Сантьяго вздрогнул от неожиданности, выдернул руку из этой норы и вскочил на ноги. Он держал за хвост змею.

Сантьяго, тоже вскочив, отпрянул назад. Змея билась в пальцах Алхимика, разрывая своим шипением безмятежное безмолвие пустыни. Это была кобра, чей укус убивает за считанные минуты.

«Как он не боится?» — мелькнуло в голове юноши. Алхимик, сунувший руку в гнездо змеи, рисковал жизнью, однако лицо его оставалось спокойно. «Ему двести лет», — вспомнил Сантьяго слова Англичанина. Должно быть, он знал, как обращаться со змеями в пустыне.

Вот он подошел к своей лошади и обнажил притороченную к седлу длинную кривую саблю. Очертил на песке круг и положил в его центр мгновенно притихшую кобру.

— Не бойся, — сказал он Сантьяго. — Отсюда она не выйдет. А ты получил доказательство того, что и в пустыне есть жизнь. Это мне и было нужно.

— Разве это так важно?

— Очень важно. Пирамиды окружены пустыней.

Сантьяго не хотелось вновь затевать разговор о пирамидах — еще со вчерашнего дня у него на сердце лежал камень. Отправиться за сокровищами значило потерять Фатиму.

— Я сам буду твоим проводником, — сказал Алхимик.

— Хорошо бы мне остаться в оазисе, — ответил Сантьяго. — Я ведь уже встретил Фатиму, а она мне дороже всех сокровищ на свете.

— Фатима — дочь пустыни. Ей ли не знать, что мужчины уходят, чтобы потом вернуться. Она тоже обрела свое сокровище — тебя. А теперь надеется, что ты найдешь то, что ищешь.

— А если я решу остаться?

— Тогда ты станешь Советником Вождя. У тебя будет столько золота, что ты сможешь купить много овец и много верблюдов. Женишься на Фатиме и первый год будешь жить с нею счастливо. Ты научишься любить пустыню и будешь узнавать каждую из пятидесяти тысяч финиковых пальм. Поймешь, как они растут, доказывая своим ростом, что мир постоянно меняется. С каждым днем ты все лучше будешь разбираться в знаках, ибо нет учителя лучше, чем пустыня.

Но минет год, и ты вспомнишь о сокровище. Знаки примутся настойчиво твердить о нем, но ты постараешься не обращать на них внимания. Ты используешь свои познания на благо оазиса и его обитателей. Вожди племени будут тобой довольны, а верблюды будут приносить тебе богатство и укреплять твою власть.

Пройдет еще год. Знаки будут по-прежнему твердить тебе о сокровищах и о Пути. Ночи напролет будешь ты бродить по оазису, а Фатима — предаваться печали, потому что поймет, что это из-за нее ты прервал свои поиски. Но ты будешь по-прежнему любить Фатиму, и она будет отвечать тебе взаимностью. Вспомнишь, что она ни разу не просила тебя остаться, потому что женщины пустыни умеют ждать возвращения своих мужчин. И тебе не в чем будет винить ее, но много ночей подряд будешь ты шагать по пустыне и между пальмами, думая, что если бы больше верил в свою любовь к Фатиме, то, глядишь, и решился бы уйти. Ибо удерживает тебя в оазисе страх — ты боишься, что больше не вернешься сюда. В это самое время знаки скажут тебе, что сокровищ ты лишился навсегда.

Настанет четвертый год, и знаки исчезнут, потому что ты не захочешь больше замечать их. Поняв это, вожди откажутся от твоих услуг, но ты к этому времени уже станешь богатым купцом, у тебя будет множество лавок и целые табуны верблюдов. И до конца дней своих ты будешь бродить между пальмами и пустыней, зная, что не пошел по Своему Пути, а теперь уже поздно.

И так никогда и не поймешь, что любовь не может помешать человеку следовать своей Судьбе. Если же так случается, значит, любовь была не истинная, не та, что говорит на Всеобщем Языке, — закончил Алхимик.

Он разомкнул начерченный на песке круг, и кобра, скользнув, исчезла среди камней. Сантьяго вспомнил Торговца хрусталем, всю жизнь мечтавшего посетить Мекку, вспомнил Англичанина, искавшего Алхимика. Вспомнил и женщину, верящую, что пустыня однажды даст ей человека, которого она желает любить.

Они сели на коней. На этот раз первым ехал Алхимик. Ветер доносил до них голоса жителей оазиса, и юноша пытался различить среди них голос Фатимы. Накануне он из-за битвы не видел ее у колодца.

Но сегодня ночью он глядел на кобру, не смевшую нарушить границу круга, он слушал этого таинственного всадника с соколом на плече, который говорил ему о любви и о сокровищах, о женщинах пустыни и о Своей Судьбе.

— Я пойду с тобой, — сказал Сантьяго и тотчас ощутил, что в душе его воцарился мир.

— Мы отправимся в путь завтра, еще затемно, — только и ответил на это Алхимик.

Ночью он не сомкнул глаз. За два часа до восхода солнца разбудил одного из юношей, спавших в том же шатре, и попросил показать, где живет Фатима. Они вышли вместе, и в благодарность Сантьяго дал ему денег, чтобы тот купил себе овцу.

Потом попросил его разбудить девушку и сказать, что он ее ждет. Юноша-араб выполнил и эту просьбу и получил денег еще на одну овцу.

— А теперь оставь нас одних, — сказал Сантьяго, и юноша, гордясь тем, что помог самому Советнику, и радуясь, что теперь есть на что купить овец, вернулся в свой шатер и лег спать.

Показалась Фатима. Они ушли в финиковую рощу. Сантьяго знал, что нарушает Обычай, но теперь это не имело никакого значения.

— Я ухожу, — сказал он. — Но хочу, чтобы ты знала: я вернусь. Я тебя люблю, потому что...

— Не надо ничего говорить, — прервала его девушка. — Любят, потому что любят. Любовь доводов не признает.

Но Сантьяго продолжал:

— ...потому что видел сон, повстречал царя Мельхиседека, продавал хрусталь, пересек пустыню, оказался в оазисе, когда началась война, и спросил тебя у колодца, где живет Алхимик. Я люблю тебя потому, что вся Вселенная способствовала нашей встрече.

Они обнялись, и тела их впервые соприкоснулись.

— Я вернусь, — повторил Сантьяго.

— Прежде я глядела в пустыню с желанием, а теперь буду глядеть с надеждой. Мой отец тоже не раз уходил туда, но всегда возвращался к моей матери.

Больше не было сказано ни слова. Они сделали еще несколько шагов под пальмами, а потом Сантьяго довел Фатиму до ее шатра.

— Я вернусь, как возвращался твой отец.

Он заметил слезы у нее на глазах.

— Ты плачешь?

— Я женщина пустыни, — отвечала она, пряча лицо. — Но прежде всего — я просто женщина.

Она скрылась за пологом шатра. Уже занимался рассвет. Когда наступит день, Фатима выйдет и займется тем же, чем занималась в течение стольких лет, но теперь все будет иначе. Сантьяго нет больше в оазисе, и оазис потеряет для нее прежнее значение. Это раньше — и совсем недавно — был он местом, где росли пятьдесят тысяч финиковых пальм, где было триста колодцев, куда с радостью спешили истомленные долгой дорогой путники. Отныне и впредь он будет для нее пуст.

С сегодняшнего дня пустыня станет важнее. Фатима будет вглядываться в нее, пытаясь угадать, на какую звезду держит направление Сантьяго в поисках своих сокровищ. Поцелуи она будет отправлять с ветром в надежде, что он коснется его лица и расскажет ему, что она жива, что она ждет его. С сегодняшнего дня пустыня будет значить для Фатимы только одно: оттуда вернется к ней Сантьяго.

— Не думай о том, что осталось позади, — сказал Алхимик, когда они тронулись в путь по пескам. — Все уже запечатлено в Душе Мира и пребудет в ней навеки.

— Люди больше мечтают о возвращении, чем об отъезде, — ответил Сантьяго, вновь привыкавший к безмолвию пустыни.

— Если то, что ты нашел, сделано из добротного материала, никакая порча его не коснется. И ты смело можешь возвращаться. Если же это была лишь мгновенная вспышка, подобная рождению звезды, то по возвращении ты не найдешь ничего. Зато ты видел ослепительный свет. Значит, все равно пережить такое стоило.

Он говорил вроде бы об алхимии, но Сантьяго понимал, что он имеет в виду Фатиму.

Трудно было не думать о том, что осталось позади. Однообразный ландшафт пустыни заставлял вспоминать и мечтать. Перед глазами у Сантьяго все еще стояли финиковые пальмы, колодцы и лицо возлюбленной. Он видел Англичанина с его колбами и ретортами, Погонщика верблюдов — истинного мудреца, не ведавшего о своей мудрости. «Наверно, Алхимик никогда никого не любил», — подумал он.

А тот рысил чуть впереди, и на плече его сидел сокол — он-то отлично знал язык пустыни — и, когда останавливались, взлетал в воздух в поисках добычи. В первый день он вернулся, неся в когтях зайца. На второй — двух птиц.

Ночью они расстилали одеяла. Костров не разводили, хотя ночи в пустыне были холодные и становились все темнее по мере того, как убывала луна. Всю первую неделю они, если и говорили, то только о том, как бы избежать встречи с воюющими племенами. Война продолжалась — ветер иногда приносил сладковатый запах крови. Где-то неподалеку шло сражение, и ветер напоминал юноше, что существует Язык Знаков, всегда готовый рассказать то, чего не могут увидеть глаза.

На восьмой день пути Алхимик решил устроить привал раньше, чем обычно. Сокол взмыл в небо. Алхимик протянул Сантьяго флягу с водой.

— Странствие твое близится к концу, — сказал он. — Поздравляю. Ты не свернул со Своего Пути.

— А ты весь путь молчал. Я-то думал, ты научишь меня всему, что знаешь. Мне уже случалось пересекать пустыню с человеком, у которого были книги по алхимии. Но я в них ничего не понял.

— Есть только один путь постижения, — отвечал Алхимик. — *Действовать*. Путешествие научило тебя всему, что нужно. Осталось узнать только одно.

Сантьяго спросил, что же ему осталось узнать, но Алхимик не сводил глаз с небосвода — он высматривал там своего сокола.

— А почему тебя зовут Алхимиком?

— Потому что я и есть Алхимик.

— А в чем ошибались другие алхимики — те, что искали и не нашли золото?

— Ошибка их в том, что они искали только золото. Они искали сокровища, спрятанные на Пути, а сам Путь обходили.

— Так чего же мне не хватает? — повторил свой вопрос юноша.

Алхимик по-прежнему глядел в небо. Вскоре вернулся с добычей сокол. Они вырыли в песке ямку, развели в ней костер, чтобы со стороны нельзя было заметить огонь.

— Я Алхимик, потому что я алхимик, — сказал он. — Тайны этой науки достались мне от деда, а ему — от его деда, и так далее, до сотворения мира. А в те времена вся она умещалась на грани изумруда. Люди, однако, не придают значения простым вещам, а потому стали писать философские трактаты. Стали говорить, что они-то знают, в какую сторону надлежит идти, а все прочие — нет.

Но Изумрудная Скрижаль существует и сегодня.

— А что же написано на ней? — поинтересовался юноша.

Алхимик минут пять что-то чертил на песке, а Сантьяго тем временем вспоминал, как повстречал на площади старого царя, и ему показалось, что с той поры прошли многие-многие годы.

— Вот что написано на ней, — сказал Алхимик, окончив рисунок.

Сантьяго приблизился и прочел.

— Так ведь это же шифр! — разочарованно воскликнул он. — Это вроде книг Англичанина!

— Нет. Это то же, что полет ястребов в небе: разумом его не постичь. Изумрудная Скрижаль — это послание Души Мира. Мудрецы давно уже поняли, что наш мир сотворен по образу и подобию рая. Само существование этого мира — гарантия того, что существует иной, более совершенный. Всевышний сотворил его для того, чтобы люди сквозь видимое прозревали духовное и сами дивились чудесам своей мудрости. Это я и называю *Действием*.

— И я должен прочесть Изумрудную Скрижаль?

— Если бы ты был сейчас в лаборатории алхимика, то мог бы изучить наилучший способ постичь ее. Но ты в пустыне — значит, погрузись в пустыню. Она, как и все, что существует на Земле, поможет тебе понять мир. Нет надобности понимать всю пустыню — одной песчинки достаточно для того, чтобы увидеть все чудеса Творения.

— А как же мне погрузиться в пустыню?

— Слушай свое сердце. Ему внятно все на свете, ибо оно сродни Душе Мира и когда-нибудь вернется в нее.

В молчании они ехали еще двое суток. Алхимик был настороже: они приближались к тому месту где шли самые ожесточенные бои. А юноша все пытался услышать голос сердца.

Сердце же его было своенравно: раньше оно все время рвалось куда-то, а теперь во что бы то ни стало стремилось вернуться. Иногда сердце часами рассказывало ему проникнутые светлой печалью истории, а иногда так ликовало при виде восходящего солнца, что Сантьяго плакал втихомолку. Сердце учащенно билось, когда говорило о сокровищах, и замирало, когда глаза юноши оглядывали бескрайнюю пустыню.

— А зачем мы должны слушать сердце? — спросил он, когда они остановились на привал.

— Где сердце, там и сокровища.

— Сердце у меня заполошное, — сказал Сантьяго. — Мечтает, волнуется, тянется к женщине из пустыни. Все время о чем-то просит, не дает уснуть всю ночь напролет, стоит лишь вспомнить о Фатиме.

— Вот и хорошо. Значит, оно живо. Продолжай вслушиваться.

В следующие три дня они повстречали воинов, а других видели на горизонте.

Сердце Сантьяго заговорило о страхе. Стало рассказывать ему о людях, отправившихся искать сокровища, но так их и не нашедших. Порою оно пугало юношу мыслью о том, что и ему не суждено отыскать их, а может быть, он умрет в пустыне. Иногда твердило, что от добра добра не ищут: у него и так уже есть возлюбленная и много золотых монет.

— Сердце предает меня, — сказал он Алхимику, когда они остановились дать коням передохнуть. — Не хочет, чтобы я шел дальше.

— Это хорошо, — повторил тот. — Это значит, оно не омертвело. Вполне естественно, что ему страшно отдать в обмен на мечту все, что уже достигнуто.

— Так зачем же слушаться его?

— Ты все равно не заставишь его замолчать. Даже если сделаешь вид, что не прислушиваешься к нему, оно останется у тебя в груди и будет повторять то, что думает о жизни и о мире.

— И будет предавать меня?

— Предательство — это удар, которого не ждешь. Если будешь знать свое сердце, ему тебя предать не удастся. Ибо ты узнаешь все его мечтания, все желания и сумеешь справиться с ними. А убежать от своего сердца никому еще не удавалось. Так что лучше уж слушать его. И тогда не будет неожиданного удара.

Они продолжали путь по пустыне, и Сантьяго слушал голос сердца. Вскоре он уже наизусть знал все его причуды, все уловки — и принимал его таким, каково оно было. Юноша перестал испытывать страх и больше не хотел вернуться — было уже поздно, да и сердце говорило, что всем довольно.

«А если я иногда жалуюсь, что ж, я ведь человеческое сердце, мне это свойственно. Все мы боимся осуществить наши самые заветные мечты, ибо нам кажется, что мы их недостойны или что все равно не сумеем воплотить их. Мы, сердца человеческие, замираем от страха при мысли о влюбленных, расстающихся навсегда, о минутах, которые могли бы стать, да не стали счастливыми, о сокровищах, которые могли бы быть найдены, но так навсегда и остались похоронены в песках. Потому что, когда это происходит, мы страдаем».

— Мое сердце боится страдания, — сказал он Алхимику как-то ночью, глядя на темное, безлунное небо.

— А ты скажи ему, что страх страдания хуже самого страдания. И ни одно сердце не страдает, когда отправляется на поиски своей мечты, ибо каждое мгновение этих поисков — это встреча с Богом и с Вечностью.

«Каждое мгновение — это встреча, — сказал Сантьяго своему сердцу. — Покуда я искал свое сокровище, все дни были озарены волшебным светом, ибо я знал, что с каждым часом все ближе к осуществлению моей мечты. Покуда я искал свое сокровище, я встречал по пути такое, о чем и не мечтал бы никогда, если бы не отважился попробовать невозможное для пастухов».

И тогда сердце его успокоилось на целый вечер. И ночью Сантьяго спал спокойно, а когда проснулся, сердце принялось рассказывать ему о Душе Мира. Сказало, что счастливый человек — это тот, кто носит в себе Бога. И что счастье можно найти в обыкновенной песчинке, о которой говорил Алхимик. Ибо для того, чтобы сотворить эту песчинку, Вселенной потребовались миллиарды лет.

«Каждого живущего на земле ждет его сокровище, — говорило сердце, — но мы, сердца, привыкли помалкивать, потому что люди не хотят обретать их. Только детям мы говорим об этом, а потом смотрим, как жизнь направляет каждого навстречу его Судьбе. Но, к несчастью, лишь немногие следуют по предназначенному им Пути. Прочим мир внушает опасения и потому в самом деле становится опасен.

И тогда мы, сердца, говорим все тише и тише. Мы не замолкаем никогда, но стараемся, чтобы наши слова не были услышаны: не хотим, чтобы люди страдали оттого, что не вняли голосу сердца».

— Почему же сердце не подсказывает человеку, что он должен идти к исполнению своей мечты? — спросил Сантьяго.

— Потому что тогда ему пришлось бы страдать, а сердце страдать не любит.

С того дня юноша стал понимать свое сердце. И попросил, чтобы отныне, как только он сделает шаг прочь от своей мечты, сердце начинало сжиматься и болеть, подавая сигнал тревоги. И поклялся, услышав этот сигнал, возвращаться на свой Путь.

В ту ночь он все рассказал Алхимику. И тот понял, что сердце Сантьяго обратилось к Душе Мира.

— А теперь что мне делать?

— Продолжать путь к пирамидам. И не упускать из виду знаки. Сердце твое уже способно указать тебе, где сокровища.

— Так мне этого не хватало прежде?

— Нет. Не хватало тебе вот чего, — ответил Алхимик и стал рассказывать:

— Перед тем как мечте осуществиться, Душа Мира решает проверить, все ли ее уроки усвоены. И делает она это для того, чтобы мы смогли получить вместе с нашей мечтой и все преподанные нам в пути знания. Вот тут-то большинству людей изменяет мужество. На языке пустыни это называется «умереть от жажды, когда оазис уже на горизонте». Поиски всегда начинаются с Благоприятного Начала. А заканчиваются этим вот испытанием.

Сантьяго вспомнил старинную поговорку, ходившую у него на родине: «Самый темный час — перед рассветом».

На следующий день впервые возникли признаки настоящей опасности. К путникам приблизились три воина и спросили, что они здесь делают.

— Охочусь с соколом, — ответил Алхимик.

— Мы обязаны удостовериться, что у вас нет оружия, — сказал один из трех.

Алхимик не торопясь слез с коня. Сантьяго последовал его примеру.

— Зачем ты везешь с собой столько денег? — спросил воин, обыскивая сумку юноши.

— Деньги нужны мне, чтобы добраться до пирамид.

Араб, обыскивавший Алхимика, нашел у него маленькую хрустальную склянку с какой-то жидкостью и желтоватое стеклянное яйцо, размером чуть больше куриного.

— Что это такое? — спросил он.

— Философский Камень и Эликсир Бессмертия — Великое Творение алхимиков. Тот, кто выпьет Эликсир, не будет знать болезней. Крошечный осколок этого Камня превращает любой металл в золото.

Всадники разразились неудержимым хохотом, и Алхимик вторил им. Они сочли его ответ очень забавным и, не чиня никаких препятствий, разрешили путникам ехать дальше.

— Ты с ума сошел? — спросил Сантьяго, когда воины были уже достаточно далеко. — Зачем ты это сделал?

— Зачем? Чтобы показать тебе простой закон, действующий в мире, — отвечал Алхимик. — Мы никогда не понимаем, какие сокровища перед нами. Знаешь почему? Потому что люди вообще не верят в сокровища.

Они продолжали путь. С каждым днем сердце Сантьяго становилось все молчаливей: ему уже не было дела ни до прошлого, ни до будущего; оно довольствовалось тем, что разглядывало пустыню да вместе с юношей пило из источника Души Мира. Они с ним стали настоящими друзьями, и теперь ни один не смог бы предать другого.

Когда же сердце говорило, то для того лишь, чтобы вдохнуть уверенность и новые силы в Сантьяго, на которого иногда угнетающе действовало безмолвие. Сердце впервые рассказало ему о его замечательных качествах: об отваге, с которой он решился бросить своих овец, и об энтузиазме, с которым трудился в лавке.

Рассказало оно еще и о том, чего Сантьяго никогда не замечал: об опасностях, столько раз подстерегавших его. Сердце рассказало, как куда-то девалось ружье, которое он утащил у отца, —

он вполне мог поранить или даже застрелить себя. Напомнило, как однажды в чистом поле юноше стало дурно, началась рвота, а потом он упал и заснул. В это самое время двое бродяг подкарауливали его, чтобы убить, а овец угнать. Но поскольку Сантьяго так и не появился, они решили, что он повел стадо другой дорогой, и ушли.

— Сердце всегда помогает человеку? — спросил он.

— Не всякому. Только тем, кто следует своей Судьбе. И еще детям, пьяным и старикам.

— Это значит, что они вне опасности?

— Это значит всего лишь, что их сердца напрягают все свои силы.

Однажды они проезжали мимо того места, где стали лагерем воины одного из враждующих племен. Повсюду виднелись вооруженные люди в нарядных белых бурнусах. Они курили наргиле и беседовали о битвах. На Сантьяго и Алхимика никто не обратил ни малейшего внимания.

— Мы вне опасности, — сказал юноша, когда они миновали бивак.

— Доверяй своему сердцу, но никогда не забывай о том, что ты в пустыне! Когда люди воюют между собой, до Души Мира доносится шум битвы. Никому не удастся избежать последствий того, что происходит под солнцем, — в голосе Алхимика угадывался гнев.

«Все — одно целое», — подумал Сантьяго.

И тотчас, словно бы в доказательство правоты старого Алхимика, в пустыне появились два всадника, пустившихся вдогонку за путешественниками.

— Дальше вам ехать нельзя, — сказал один из воинов, поравнявшись с ними. — Тут идут военные действия.

— Нам — недалеко, — отвечал Алхимик, пристально глядя ему в глаза.

Воины на мгновение замерли, а потом пропустили путников. Сантьяго был поражен.

— Ты усмирил их взглядом!

— Взгляд показывает силу души, — отвечал Алхимик.

«Это так», — подумал юноша, вспомнив, что, когда они проезжали мимо бивака, кто-то из воинов долго смотрел на них. Он находился так далеко, что даже лица его нельзя было разглядеть, и все-таки Сантьяго чувствовал на себе его взгляд.

И вот, когда они начали подъем в гору, закрывавшую весь горизонт, Алхимик сказал, что до пирамид осталось два дня пути.

— Но если нам скоро предстоит расстаться, научи меня алхимии.

— Тебе уже нечему учиться. Ты знаешь, что наука эта в том, чтобы проникнуть в Душу Мира и найти там предназначенные тебе сокровища.

— Я говорю о другом. Я хочу знать, как превращать свинец в золото.

Алхимик не стал нарушать безмолвия пустыни и ответил, лишь когда они остановились на привал.

— Все, что существует во Вселенной, развивается, перетекает одно в другое, — ответил он. — И, по мнению мудрецов, золото является металлом, эволюция которого зашла дальше, чем у остальных. Не спрашивай меня почему — я не знаю. Мне только известно, что так повелось в мире.

Но люди неправильно истолковали слова мудрецов. И золото, вместо того чтобы быть символом развития, сделалось знаком раздора.

— Мир вокруг нас говорит на многих языках, — сказал юноша. — Раньше тихий крик верблюда был для меня только тихим криком. Затем он превратился в сигнал опасности. И наконец — снова стал криком, — сказал Сантьяго, но тут же замолчал, сообразив, что Алхимику и без него все это известно.

— Я знавал настоящих алхимиков, — продолжал тот. — Одни затворялись в своих лабораториях и пытались развиваться, наподобие золота, — так был открыт Философский Камень. Ибо они поняли, что если развивается что-то одно, то изменяется и все, что находится вокруг.

Другие нашли Камень случайно. Они были наделены даром, и души их были более чутки, чем у прочих людей. Но такие случаи не в счет, они слишком редки.

А третьи искали только золото. Им так и не удалось открыть тайну. Они забыли, что у свинца, меди, железа тоже есть свой Путь. А тот, кто вмешивается в чужую Судьбу, никогда не пройдет свою собственную.

Эти слова Алхимика прозвучали как проклятие. Потом он наклонился и поднял с земли раковину.

— Когда-то здесь было море, — сказал он.

— Да, я догадался, — ответил юноша.

Алхимик попросил его приложить раковину к уху. Сантьяго в детстве часто делал так и сейчас вновь услышал шум моря.

— Море по-прежнему в этой раковине, ибо оно следует своей Судьбе. И оно не покинет ее, пока в пустыне вновь не заплещутся волны.

Они сели на коней и двинулись в сторону египетских пирамид.

Солнце начало склоняться к западу, когда сердце Сантьяго подало ему сигнал тревоги. Они находились в ту минуту среди огромных песчаных барханов. Сантьяго взглянул на Алхимика, но тот вроде бы ничего не замечал. Через пять минут юноша увидел впереди четко обрисовавшиеся силуэты двух всадников. Прежде чем он успел сказать хоть слово, вместо двоих появилось десять, вместо десяти — сто, и наконец все барханы покрылись неисчислимым воинством.

Всадники были в голубых одеждах. Их тюрбаны были перехвачены черными лентами, а лица до самых глаз были закрыты голубой тканью.

Даже издали было заметно, что глаза эти, показывая силу души, возвещали путникам смерть.

Сантьяго и Алхимика привели в лагерь, втолкнули в шатер, подобного которому юноша еще ни разу не видел, и поставили перед вождем. Вокруг стояли его военачальники.

— Это лазутчики, — доложил один из тех, кто сопровождал пленников.

— Нет. Мы всего лишь путники.

— Три дня назад вас видели в лагере наших врагов. Вы говорили с кем-то из воинов.

— Я знаю пути пустыни и умею читать по звездам, — отвечал на это Алхимик. — А о том, сколь многочисленны ваши враги и куда они движутся, мне ничего не ведомо. Я только проводил до вашего лагеря своего друга.

— А кто это такой? — спросил вождь.

— Алхимик, — ответил Алхимик. — Он знает все силы природы и желает показать тебе свои необыкновенные дарования.

Сантьяго слушал молча и в страхе.

— Что делает чужеземец в наших краях? — спросил другой военачальник.

— Он привез вашему племени деньги, — ответил Алхимик и, прежде чем юноша успел сказать хоть слово, протянул его кошелек вождю.

Тот принял золото молча — на него можно было купить много оружия.

— А что такое «алхимик»? — спросил кто-то из военачальников.

— Это человек, который знает природу и мир. Стоит ему захотеть — и он уничтожит ваш лагерь одной лишь силой ветра.

Арабы рассмеялись. Они привыкли к силе войны и не верили, что ветер может быть смертельным. Однако сердца их сжались от страха. Все они были люди пустыни и боялись колдунов.

— Я хочу посмотреть, как это ему удастся, — сказал самый главный.

— Дайте нам три дня. И мой спутник, чтобы показать вам свою силу, обернется ветром. Если это ему не удастся, мы смиренно отдадим вам наши жизни.

— Нельзя отдать то, что и так уже принадлежит мне, — надменно ответил военачальник.

Но согласился подождать три дня.

Сантьяго оцепенел и онемел от ужаса. Алхимику пришлось за руку вывести его из шатра.

— Не показывай им, что боишься. Это отважные люди, и они презирают трусов.

Однако дар речи вернулся к Сантьяго не сразу. Они шли по лагерю свободно — арабы только забрали у них коней. И снова мир показал, сколь он многоязык: пустыня, которая раньше была бескрайней и свободной, превратилась теперь в тюрьму, откуда не сбежишь.

— Ты отдал им все мои деньги! — сказал он. — Все, что я заработал за жизнь!

— Зачем они тебе, если придется умереть? Твои деньги уже подарили тебе три лишних дня. Обычно деньги и на мгновение не могут отсрочить смерть.

Но Сантьяго был слишком испуган, чтобы слушать мудрые речи. Он не знал, как обернуться ветром, — он не был алхимиком.

А Алхимик попросил воина принести чаю и вылил несколько капель на запястья юноши, произнеся какие-то непонятные слова. И тот сразу почувствовал, как ушла из его тела тревога.

— Не предавайся отчаянию, — необычно ласковым голосом сказал Алхимик. — Просто ты пока еще не успел поговорить со своим сердцем.

— Но ведь я не умею превращаться в ветер!

— Тот, кто следует Своей Судьбе, знает и умеет все. *Только одно делает исполнение мечты невозможным — это страх неудачи.*

— Да я не боюсь неудачи. Просто я не знаю, как мне обернуться ветром.

— Придется научиться. От этого зависит твоя жизнь.

7 – 1513

— А если не сумею?

— Тогда ты умрешь. Но умереть, следуя Своей Судьбе, гораздо лучше, чем принять смерть как тысячи людей, которые даже не подозревают о существовании Пути. Впрочем, не беспокойся. Обычно смерть обостряет жизненные силы и чутье.

Миновал первый день. В пустыне произошла крупная битва, в лагерь привезли раненых. «Со смертью ничего не меняется», — думал Сантьяго. На место выбывших из строя становились другие, и жизнь продолжалась.

— Ты мог бы умереть попозже, друг мой, — сказал один из воинов, обращаясь к своему убитому товарищу. — Не теперь, а после войны. Но так или иначе, от смерти не уйдешь.

Под вечер юноша отправился искать Алхимика.

— Я не умею превращаться в ветер, — сказал он ему.

— Вспомни, что я говорил тебе: мир — это всего лишь видимая часть Бога. Алхимия же переводит духовное совершенство в материю.

— А что ты делаешь? — спросил Сантьяго.

— Кормлю своего сокола.

— Зачем? Если я не сумею обернуться ветром, нас убьют.

— Не нас, а тебя, — отвечал Алхимик. — Я-то умею превращаться в ветер.

На второй день юноша поднялся на вершину скалы, стоявшей возле лагеря. Часовые пропустили его беспрепятственно: они уже слышали, что объявился колдун, умеющий превращаться в ветер, и старались держаться от него подальше. А кроме того, пустыня лучше всякой темницы.

И весь день до вечера Сантьяго вглядывался в пустыню. Вслушивался в свое сердце. А пустыня внимала его страху.

Они говорили на одном языке.

Когда настал третий день, вождь собрал своих военачальников.

— Мы увидим, как этот юноша обернется ветром, — сказал он.

— Увидим, — ответил Алхимик.

Сантьяго повел их к тому самому месту, где провел вчера целый день. Потом попросил сесть.

— Придется подождать, — сказал он.

— Нам не к спеху, — отвечал вождь. — Мы люди пустыни.

Сантьяго смотрел на горизонт. Впереди были горы, песчаные барханы, скалы; стелились по пескам растения, умудрившиеся выжить там, где это было немыслимо. Перед ним лежала пустыня — он шел по ней в течение стольких месяцев и все равно узнал лишь ничтожную ее часть. И встретил на пути Англичанина, караваны, войну между племенами, оазис, где росло пятьдесят тысяч пальм и было вырыто триста колодцев, Фатиму.

— Ну, — спрашивала его пустыня, — чего тебе опять надо? Разве мы вдосталь не нагляделись друг на друга вчера?

— Где-то там, среди твоих песков, живет та, кого я люблю, — отвечал Сантьяго. — И когда я смотрю на тебя, я вижу и ее. Я хочу вернуться к ней, а для этого мне необходима твоя помощь. Я должен обернуться ветром.

— А что такое «любовь»? — спросила пустыня.

— Любовь — это когда над твоими песками летит сокол. Для него ты как зеленый луг. Он никогда не вернется без добычи. Он знает твои скалы, твои барханы, твои горы. А ты щедра к нему.

— Клюв сокола терзает меня, — отвечала пустыня. — Годами я взращиваю то, что послужит ему добычей, пою своей скудной водой, показываю, где можно утолить голод. А потом с небес спускается сокол — и как раз когда я собираюсь порадоваться тому, что в моих песках не пресекается жизнь, он уносит созданное мною.

— Но ты для него и создавала это. Для того чтобы кормить сокола. А сокол кормит человека. А человек когда-нибудь накормит твои пески, и там снова возникнет жизнь и появится добыча для сокола. Так устроен мир.

— Это и есть любовь?

— Это и есть любовь. Это то, что превращает добычу в сокола, сокола — в человека, а человека — в пустыню. Это то, что превращает свинец в золото, а золото вновь прячет под землей.

— Я не понимаю смысла твоих слов, — отвечала пустыня.

— Пойми тогда одно: где-то среди твоих песков меня ждет женщина. И потому я должен обернуться ветром.

Пустыня некоторое время молчала.

— Я дам тебе пески, чтобы ветер мог взвихрить их. Но этого мало. В одиночку я ничего не могу. Попроси помощи у ветра.

Поднялся слабый ветерок. Военачальники издали следили за тем, как юноша говорит с кем-то на неведомом им языке.

Алхимик улыбался.

Ветер приблизился к Сантьяго, коснулся его лица. Он слышал его разговор с пустыней, потому что ветры вообще знают все. Они носятся по всему миру, и нет у них ни места, где родились они, ни места, где умрут.

— Помоги мне, — сказал ему юноша. — Однажды я расслышал в тебе голос моей любимой.

— Кто научил тебя говорить на языках пустыни и ветра?

— Мое сердце, — ответил Сантьяго.

Много имен было у ветра. Здесь его называли «сирокко», и арабы думали, что прилетает он из тех краев, где много воды и живут чернокожие люди. На родине Сантьяго его называли «левантинцем», потому что думали, будто он приносит песок пустынь и воинственные крики мавров. Быть может, в дальних странах, где нет пастбищ для овец, люди считают, что рождается этот ветер в Андалусии. Но ветер нигде не рождается и нигде не умирает, а потому он могущественней пустыни. Сделать так, чтобы там что-то росло, люди способны; могут они даже разводить там овец, но подчинить себе ветер им не под силу.

— Ты не можешь стать ветром, — сказал ветер. — У нас с тобой разная суть.

— Неправда, — отвечал Сантьяго. — Покуда я вместе с тобой бродил по свету, мне открылись тайны алхимии. Во мне теперь заключены и ветры, и пустыни, и океаны, и звезды, и все, что сотворила Вселенная. Нас с тобой сотворила одна и та же рука, и душа у нас одна. Я хочу быть таким, как ты, хочу уметь проникать в любую щель, пролетать над морями, сдувать горы песка, закрывающие мои сокровища, доносить голос моей возлюбленной.

— Я как-то подслушал твой разговор с Алхимиком, — сказал ветер. — Он говорил, что у каждого свой Путь. Человеку не дано превратиться в ветер.

— Научи, как стать тобой хоть на несколько мгновений. Вот тогда и обсудим безграничные возможности человека и ветра.

Ветер был любопытен — такого он еще не встречал. Ему хотелось бы потолковать об этом поподробнее, но он и в самом деле понятия не имел, как превратить человека в ветер. А ведь он мог многое! Умел создавать пустыни, пускать на дно корабли, валить вековые деревья и целые леса, пролетать над городами, где гремела музыка и раздавались непонятные звуки. Он-то считал, что все на свете превзошел, и вот находится малый, который заявляет, что он, ветер, способен еще и не на такое.

— Это называется «любовь», — сказал Сантьяго, видя, что ветер уже готов исполнить его просьбу. — Когда любишь, то способен стать кем угодно. Когда любишь, совершенно не нужно понимать, что происходит, ибо все происходит внутри нас, так что человек вполне способен обернуться ветром. Конечно, если ветер ему поможет.

Ветер был горд, а потому слова Сантьяго раздосадовали его. Он стал дуть сильней, вздымая пески пустыни. Но в конце концов пришлось признать, что хоть он и прошел весь свет, однако превращать человека в ветер не умеет. Да и любви не знает.

— Мне не раз приходилось видеть, как люди говорят о любви и при этом глядят на небо, — сказал ветер, взбешенный тем, что пришлось признать свое бессилие. — Может, и тебе стоит обратиться к небесам, а?

— Это мысль, — согласился Сантьяго. — Только ты мне помоги: подними-ка пыль, чтобы я мог взглянуть на солнце и не ослепнуть.

Ветер задул еще сильней, все небо заволокло песчаной пылью, и солнце превратилось в золотистый диск.

Те, кто наблюдал за этим из лагеря, почти ничего не различали. Люди пустыни уже знали повадки этого ветра и называли его «самум». Он был для них страшнее, чем шторм на море, — впрочем, они отродясь в море не бывали. Заржали лошади, заскрипел песок на оружии.

Один из военачальников повернулся к вождю:

— Не довольно ли?

Они уже не видели Сантьяго. Лица были закрыты белыми платками до самых глаз, и в глазах этих застыл испуг.

— Пора прекратить это, — сказал другой военачальник.

— Пусть Аллах явит все свое могущество, — ответил вождь. — Я хочу увидеть, как человек обернется ветром.

Однако имена тех, кто выказал страх, он запомнил. И решил, когда ветер уляжется, снять обоих с должности, ибо людям пустыни страх неведом.

— Ветер сказал мне, что ты знаешь любовь, — обратился Сантьяго к солнцу. — А если так, то должно знать и Душу Мира — она ведь сотворена из любви.

— Отсюда мне видна Душа Мира, — отвечало солнце. — Она обращается к моей душе, и мы вместе заставляем травы расти, а овец переходить с места на место в поисках тени. Отсюда — а это очень далеко от вашего мира — я научилось любить. Я знаю, что если хоть немного приближусь к Земле, все живое на ней погибнет и Душа Мира перестанет существовать. И мы издали глядим друг на друга и издали любим друг друга. Я даю Земле жизнь и тепло, а она мне — смысл моего существования.

— Ты знаешь любовь, — повторил Сантьяго.

— И знаю Душу Мира, потому что в этом нескончаемом странствии во Вселенной мы с ней много разговариваем. Она рассказала мне, в чем главная ее трудность: до сих пор лишь камни и растения понимают, что все на свете едино. И потому не требуется, чтобы железо было подобно меди, а медь ничем не отличалась от золота. У каждого свое точное предназначение в этом едином мире, и все слилось бы в единую Симфонию Мира, если бы Рука, которая написала все это, остановилась в пятый день Творения. Однако был и шестой.

— Ты мудро, — ответил юноша, — ибо все видишь издали. Но ты *не знаешь*, что такое любовь. Не было бы шестого дня Творенья — не появился бы человек. И медь так и оставалась бы медью, а свинец — свинцом. Да, у каждого свой Путь, но когда-нибудь он будет пройден. А потому надо превратиться во что-то иное, начать новый Путь. И так до тех пор, пока Душа Мира в самом деле не станет чем-то единым.

Солнце призадумалось и стало сиять ярче. Ветер, получавший удовольствие от этого разговора, тоже задул сильней, спасая Сантьяго от ослепительных лучей.

— Для того и существует алхимия, — продолжал Сантьяго. — Чтобы каждый искал и находил свое сокровище и хотел после этого быть лучше, чем прежде. Свинец будет исполнять свое назначение до тех пор, пока он нужен миру, а потом он должен будет превратиться в золото. Так говорят алхимики. И они доказывают, что, когда мы стараемся стать лучше, чем были, все вокруг нас тоже становится лучше.

— А с чего ты взял, будто я не знаю, что такое любовь? — спросило солнце.

— Да ведь когда любишь, нельзя ни стоять на месте, как пустыня, ни мчаться по всему свету, как ветер, ни смотреть на все издали, как ты. Любовь — это сила, которая преображает и улучшает Душу Мира. Когда я проник в нее впервые, она мне показалась совершенной. Но потом я увидел, что она — отражение всех нас, что и в ней кипят свои страсти, идут свои войны. Это мы питаем ее, и земля, на которой мы живем, станет лучше или хуже в зависимости от того, лучше или хуже станем мы. Вот тут и вмешивается сила любви, ибо когда любишь, стремишься стать лучше.

— Ну а от меня ты чего хочешь?

— Помоги мне обернуться ветром.

— Природа знает, что мудрее меня ничего нет на свете, — ответило солнце, — но и я не знаю, как тебе обернуться ветром.

— К кому же тогда мне обратиться?

Солнце на миг задумалось: ветер, прислушивавшийся к разговору, тотчас разнесет по всему свету, что мудрость светила не безгранична. А кроме того, неразумно было бы бежать от этого юноши, говорившего на Всеобщем Языке.

— Спроси об этом Руку, Написавшую Все, — сказало Солнце.

Ветер ликующе вскрикнул и задул с небывалой силой. Несколько шатров было сорвано, привязанные лошади оборвали поводья, люди на скале вцепились друг в друга, чтобы не слететь.

Сантьяго повернулся к Руке, Написавшей Все, и сейчас же ощутил, как Вселенная погрузилась в безмолвие. Он не осмелился нарушить его.

Потом сила Любви хлынула из его сердца, и юноша начал молиться. Он ни о чем не просил в своей молитве и вообще не произносил ни слова, не благодарил за то, что овцы нашли пастбище, не просил ни посылать в лавку побольше покупателей хрусталя, ни чтобы женщина, которую он повстречал в пустыне, дождалась его. В наступившей тишине он понял, что пустыня, ветер и солнце тоже отыскивают знаки, выведенные этой Рукой, тоже стараются следовать своей Судьбе и постичь написанное на одной из граней изумруда. Юноша понял, что знаки эти рассеяны по всей Земле и в космосе, и с виду в них нет никакого значения и причины. Ни пустыни, ни ветры, ни солнца, ни люди не знают, почему они были созданы. Только у Руки, Создавшей Все, были для этого причины, и только Она способна творить чудеса: превращать океаны в пустыни, а человека — в ветер. Ибо Она одна понимала, что некий замысел влечет Вселенную туда, где шесть дней Творения превращаются в Великое Творение.

И юноша погрузился в Душу Мира, и увидел, что она — лишь часть Души Бога, а Душа Бога — его собственная душа. И он способен творить чудеса.

Самум дул в тот день как никогда. И из поколения в поколение будет передаваться легенда о юноше, который превратился в ветер и едва не уничтожил весь лагерь, бросив вызов самому могущественному военачальнику пустыни.

Когда же ветер стих, все поглядели туда, где стоял юноша, но его там уже не было. Он находился на другом конце лагеря, рядом с часовым, полузасыпанным песком.

Магическая Сила напугала всех. Лишь двое улыбались: Алхимик, гордившийся своим учеником, и вождь племени — он понимал, что ученик этот осознал могущество Всевышнего.

На следующий день он отпустил Сантьяго и Алхимика на все четыре стороны и дал им в провожатые одного из своих воинов.

Они ехали весь день, а когда стало смеркаться, Алхимик отправил воина обратно и слез с коня.

— Дальше поедешь один, — сказал он Сантьяго. — До пирамид три часа пути.

— Спасибо тебе, — отвечал юноша. — Ты научил меня Всеобщему Языку.

— Я просто напомнил тебе то, что ты знал и без меня.

Алхимик постучал в ворота коптского монастыря. К нему вышел монах в черном, они о чем-то коротко переговорили по-коптски, и Алхимик пригласил Сантьяго войти.

— Я сказал, что ты мне поможешь.

На монастырской кухне Алхимик развел огонь в очаге. Монах принес кусок свинца, и Алхимик, опустив свинец в железный сосуд, поставил на плиту. Когда свинец расплавился, он достал из кармана стеклянное желтое яйцо, отколупнул от него крохотный, не больше булавочной головки, осколок, обмазал его воском и бросил в расплавленный свинец.

Жидкость стала красной, как кровь. Алхимик снял котел с огня и дал ей остыть, беседуя тем временем с монахом о войне в пустыне.

— Боюсь, что это надолго, — сказал он.

Монах досадовал: из-за войны караваны уже давно стояли в Гизе. «Но на все воля Божья», — добавил он смиренно.

— Верно, — сказал Алхимик.

Когда котел наконец остыл, Сантьяго и монах в восторге переглянулись: свинец, принявший круглую форму сосуда, превратился в золото.

— Неужели и я когда-нибудь научусь этому? — спросил юноша.

— Это был мой Путь, — мой, а не твой. Я просто хотел тебе показать, что это возможно.

Они снова вернулись к воротам обители, и там Алхимик разделил золотой диск на четыре части.

— Это тебе, — сказал он, протягивая одну монаху. — За то, что всегда радушно встречал паломников.

— За свое радушие я получаю слишком много, — возразил монах.

— Никогда так больше не говори. Жизнь может невзначай услышать и дать в следующий раз меньше, — ответил Алхимик и повернулся к Сантьяго. — А это тебе, взамен тех денег, что достались вождю.

Юноша тоже хотел сказать, что это золото стоит гораздо больше, но смолчал.

— Это мне, — продолжал Алхимик. — Я должен вернуться домой, а в пустыне идет война.

Четвертый кусок он снова протянул монаху:

— Это — тоже для Сантьяго. Может, понадобится.

— Но ведь я иду за сокровищами! — воскликнул тот. — И я уже совсем близко!

— И я уверен, что ты их найдешь, — сказал Алхимик.

— Но тогда зачем мне золото?

— Потому что ты уже дважды лишался всего, что имел. В первый раз тебя обманул мошенник, во второй обобрал вождь. Я старый суеверный араб и верю в правоту нашей пословицы, а она гласит:

«Что случилось однажды, может никогда больше не случиться. Но то, что случилось два раза, непременно случится и в третий».

Они сели на коней.

— Хочу рассказать тебе историю о снах, — молвил Алхимик. — Подъезжай поближе.

Юноша повиновался.

— Так вот, жил да был в Древнем Риме, во времена императора Тиберия, один добрый человек, и было у него два сына. Один стал воином и отправился служить на самую дальнюю окраину империи. Второй писал стихи, приводившие в восхищение весь Рим.

Однажды старику приснился сон, будто к нему явился небесный вестник и предрек ему, что слова одного из его сыновей будут известны во всем мире и много сотен лет спустя люди будут повторять их. Старик заплакал от счастья: судьба была к нему щедра и милостива, ибо даровала высшую радость, какую только может испытать отец.

Вскоре он погиб — пытался спасти ребенка из-под тяжелой повозки, но сам попал под колеса. Поскольку жизнь он вел праведную, то прямо отправился на небеса, где повстречал вестника, явившегося к нему во сне.

— Ты был хорошим и добрым человеком, — сказал тот ему. — Жизнь твоя была исполнена любви, а смерть — достоинства. Я могу выполнить любую твою просьбу.

— И жизнь была ко мне добра, — отвечал старик. — Когда ты явился мне во сне, я почувствовал, что все мои усилия были не напрасны. Ибо стихи моего сына будут переходить из поколения в поколение. Для себя мне просить нечего, но всякий отец гордился бы славой того, кого он пестовал, учил и наставлял. А потому мне бы хотелось услышать в далеком будущем слова моего сына.

Вестник прикоснулся к его плечу, и оба они в мгновение ока очутились в далеком будущем — в огромном городе, среди тысяч людей, говоривших на неведомом языке.

Старик опять прослезился от радости.

— Я знал, что стихи моего сына переживут века, — сквозь слезы сказал он. — Ответь мне, какие его строки повторяют все эти люди.

Вестник ласково усадил старика на скамейку и сам сел с ним рядом.

— Стихи, о которых ты говоришь, прославились на весь Рим, все любили их и наслаждались ими. Но кончилось царствование Тиберия, и их забыли. Люди повторяют слова другого твоего сына — того, что стал воином.

Старик воззрился на вестника с недоумением.

— Он служил в одной из далеких провинций, — продолжал тот. — И стал сотником. Он тоже был справедлив и добр. Как-то раз заболел один из его рабов — он был при смерти. Твой сын, услышав, что появился некий целитель, пустился на поиски этого человека. А по пути узнал, что этот человек — Сын Божий. Он встретил людей, исцеленных Им, услышал Его учение и, хоть и был римским сотником, перешел в Его веру. И вот однажды утром предстал перед Ним и рассказал, что слуга его болен. И Учитель — как называли этого человека — собрался идти за ним. Но сотник был человеком веры, и, заглянув в глаза Учителю, он понял, что стоит перед Сыном Божьим. Вот тогда твой сын и произнес слова, которые не позабудутся во веки веков. Он сказал так:

«Не трудись, Господи, ибо я недостоин, чтобы Ты вошел под кров мой. Но скажи слово — и выздоровеет слуга мой».

Алхимик тронул лошадь.

— *Каждый человек на земле, чем бы он ни занимался, играет главную роль в истории мира.* И обычно даже не знает об этом.

Юноша улыбнулся. Когда-то он и представить себе не мог, что вопросы о смысле жизни окажутся такими важными для пастуха.

— Прощай, — сказал Алхимик.

— Прощай, — ответил юноша.

Два с половиной часа Сантьяго ехал по пустыне, внимательно прислушиваясь к тому, что говорило сердце. Именно оно должно было указать ему, где спрятаны сокровища.

«Где сокровища, там будет и твое сердце», — сказал ему Алхимик.

Но сердце говорило о другом. С гордостью оно рассказывало историю пастуха, бросившего своих овец, чтобы сделать явью дважды приснившийся сон. Напоминало о Своем Пути и о многих, одолевших его, — о тех, кто отправлялся на поиски новых земель или красавиц и противостоял рассудку и предрассудкам своих современников. Оно говорило о великих открытиях, о великих переменах, о книгах.

И только когда Сантьяго начал подниматься по склону бархана, сердце прошептало ему:

«Будь внимателен. Там, где ты заплачешь, буду я, а значит, и твои сокровища».

Юноша взбирался медленно. На усыпанном звездами небе снова появилась полная луна — целый месяц шел он по пустыне. Луна освещала бархан, и тени играли так причудливо, что пустыня казалась волнующимся морем, и Сантьяго вспоминал тот день, когда, простившись с Алхимиком, бросил поводья и дал своему коню волю. Луна освещала безмолвие пустыни и оставшийся позади путь, свершаемый теми, кто ищет сокровища.

Когда через несколько минут он поднялся на вершину, сердце его вдруг отчаянно заколотилось. Перед ним, освещенные луной и белизной песков, величественно высились пирамиды.

Сантьяго упал на колени и заплакал. Он возблагодарил Бога за то, что тот позволил ему поверить в свою Судьбу, свел его с Мельхиседеком, с Торговцем хрусталя, с Англичанином, с Алхимиком и — главное — что дал ему повстречать женщину пустыни, женщину, которая заставила его поверить в то, что любовь никогда не отлучит человека от его Пути.

С высоты тысячелетий смотрели на юношу пирамиды. Теперь он, если пожелает, может вернуться в оазис, жениться на Фатиме и пасти овец. Жил же в пустыне Алхимик, который знал Всеобщий Язык и умел превращать свинец в золото. Сантьяго некому показывать свое искусство, некого дивить плодами своей мудрости: следуя Своей Судьбе, он выучился всему, что было ему нужно, и испытал все, о чем мечтал.

Но он искал свои сокровища, а ведь считать дело сделанным можно, лишь когда достигнута цель. Юноша стоял на вершине и плакал, а когда посмотрел вниз, увидел: там, куда падают его слезы, ползет жук-скарабей. За время странствий по пустыне Сантьяго узнал, что в Египте это символ Бога.

Еще один знак был подан ему, и юноша принялся копать, но вначале вспомнил Торговца хрусталем и понял, что тот был неправ: никому не удастся построить пирамиду у себя во дворе, даже если весь свой век будешь громоздить камень на камень.

Всю ночь он рыл песок в указанном месте, но ничего не нашел. С вершин пирамид безмолвно смотрели на него тысячелетия. Однако он не сдавался — копал и копал, борясь с ветром, который то и дело снова заносил песком яму. Сантьяго выбился из сил, изранил руки, но продолжал верить своему сердцу, которое велело искать там, куда упадут его слезы.

И вдруг в ту минуту, когда он вытаскивал из ямы камни, послышались шаги. Сантьяго обернулся и увидел людей — их было несколько, и они стояли спиной к свету, так что он не мог различить их лиц.

— Что ты здесь делаешь? — спросил один.

Юноша ничего не ответил. Страх охватил его, ибо теперь ему было что терять.

— Мы сбежали с войны, — сказал другой. — Нам нужны деньги. Что ты спрятал здесь?

— Ничего я не спрятал, — отвечал Сантьяго.

Но один из дезертиров вытащил его из ямы, второй обшарил его карманы и нашел слиток золота.

— Золото! — вскричал он.

Теперь луна осветила его лицо, и в глазах грабителя Сантьяго увидел свою смерть.

— Там должно быть еще! — сказал второй.

Они заставили Сантьяго копать, и ему пришлось подчиниться. Но сокровищ не было, и тогда грабители принялись бить его. И били до тех пор, пока на небе не появился первый свет зари. Одежда его превратилась в лохмотья, и он почувствовал, что смерть уже близка.

Ему вспомнились слова Алхимика: «Зачем тебе деньги, если придется умереть? Деньги и на мгновение не могут отсрочить смерть».

— Я ищу сокровище! — крикнул Сантьяго.

С трудом шевеля разбитыми и окровавленными губами, он рассказал грабителям, что во сне дважды видел сокровища, спрятанные у подножья египетских пирамид.

Тот, кто казался главарем, долго молчал, а потом обратился к одному из подручных:

— Отпусти его. Ничего у него больше нет, а этот слиток он где-нибудь украл.

Сантьяго упал. Главарь хотел заглянуть ему в глаза, но взгляд юноши был устремлен на пирамиды.

— Пойдемте отсюда, — сказал главарь остальным, а потом обернулся к Сантьяго:

— Я оставлю тебя жить, чтобы ты понял, что нельзя быть таким глупцом. На том самом месте, где ты сейчас стоишь, я сам два года назад несколько раз видел один и тот же сон. И снилось мне, будто я должен отправиться в Испанию, отыскать там разрушенную церковь, где останавливаются на ночлег пастухи со своими овцами и где на месте ризницы вырос сикомор. Под корнями его спрятаны сокровища. Я, однако, не такой дурак, чтобы из-за того лишь, что мне приснился сон, идти через пустыню.

С этими словами разбойники ушли.

Сантьяго с трудом поднялся, в последний раз взглянул на пирамиды. Они улыбнулись ему, и он улыбнулся в ответ, чувствуя, что сердце его полно счастьем.

Он обрел свое сокровище.

ЭПИЛОГ

Юношу звали Сантьяго. Было уже почти совсем темно, когда он добрался до полуразвалившейся церкви. В ризнице по-прежнему рос сикомор, а через дырявый купол, как и раньше, видны были звезды. Он вспомнил, что однажды заночевал здесь со своей отарой, и, если не считать сна, ночь прошла спокойно.

Сейчас он снова был здесь. Но на этот раз он не пригнал сюда овец. В руках у него была лопата.

Он долго глядел на небо, потом вытащил из котомки бутылку вина, сделал глоток. Ему вспомнилось, как однажды ночью в пустыне он тоже смотрел на звезды и пил вино с Алхимиком. Подумал о том, сколько дорог уже осталось позади, и о том, каким причудливым способом указал ему Бог на сокровища.

Если бы он не поверил снам, не встретил старую цыганку, Мельхиседека, грабителей...

«Список получается слишком длинный. Но путь был отмечен знаками, и сбиться с него я не мог», — подумал он.

Незаметно для себя он уснул. А когда проснулся, солнце было уже высоко. Сантьяго стал копать под корнями сикомора.

«Старый колдун, — подумал он об Алхимике, — ты все знал наперед. Ты даже оставил второй слиток золота, чтобы я мог добраться до этой церкви. Монах рассмеялся, когда увидел меня, оборванного и избитого. Разве ты не мог меня избавить от этого?»

«Нет, — расслышал он в шелесте ветра. — Если бы я предупредил тебя, ты не увидел бы пирамид. А ведь они такие красивые, правда?»

Это был голос Алхимика. Юноша улыбнулся и продолжал копать. Через полчаса лопата наткнулась на что-то твердое, а еще час спустя перед Сантьяго стоял ларец, полный старинных золотых монет. Там же лежали драгоценные камни, золотые маски, украшенные белыми и красными перьями, каменные идолы, инкрустированные бриллиантами, — трофеи завоеваний, о которых давным-давно забыла страна, добыча, о которой ее владелец не стал рассказывать своим детям.

Сантьяго вытащил из сумки Урим и Туммим. Они лишь однажды, в то утро на рынке, пригодились ему: жизнь и без них давала ему верные знаки.

Он положил их в ларец — это тоже часть его сокровищ: камни будут напоминать ему о старом царе, которого он никогда больше не встретит.

«Жизнь и в самом деле щедра к тем, кто следует Своей Судьбе, — подумал он и вспомнил, что надо пойти в Тарифу и отдать десятую часть старой цыганке. — Как мудры цыгане! Должно быть, оттого, что много странствуют по свету».

Он снова ощутил дуновение ветра. Это был «левантинец», прилетевший из Африки, но на этот раз он не принес с собой запах пустыни, не предупреждал о нашествии мавров. Теперь Сантьяго различил в нем такой знакомый аромат, звук и вкус медленно приближавшегося и наконец осевшего у него на губах поцелуя.

Юноша улыбнулся: то был первый поцелуй Фатимы.

— Я иду, — сказал он, — иду к тебе, Фатима.

Литературно-художественное издание

Пауло КОЭЛЬО
АЛХИМИК
роман

Перевод с португальского *А. Богдановский*

Редакторы *И. Старых, М. Неволин*

Корректоры *Е. Введенская, Т. Зенова, Е. Ладикова-Роева*

Оригинал-макет *Т. Ткаченко*

Художественное оформление *В. Ерко*

Подписано к печати 05.12.2003 г. Формат 70×100/32.
Бумага офсетная № 1. Гарнитура Академическая.
Усл. печ. лист. 9,10. Зак. 1513.
Цена договорная. Доп. тираж 100 000 экз.

Отпечатано в полном соответствии
с качеством предоставленных диапозитивов
в ОАО «Можайский полиграфический комбинат».
143200, г. Можайск, ул. Мира, 93.

Издательство «София»,
04119, Украина, Киев-119, ул. Белорусская, 36-а

ООО Издательский дом «София»,
109028, Россия, Москва, ул. Воронцово поле, 15/38, стр. 9
Свид-во о регистрации № 1027709023759 от 22.11.02
тел. (095) 261-80-19; 105-34-28

Отделы оптовой реализации издательства *«София»*
в Киеве: (044) 230-27-32, 230-27-34
в Москве: (095) 261-80-19
в Санкт-Петербурге: (812) 327-72-37

Книга-почтой
в России: тел: (095) 476-32-52, e-mail: kniga@sophia.ru
в Украине: тел.: (044) 513-51-92; 01030, Киев, а/я 41,
e-mail: postbook@sophia.kiev.ua,
http://www.sophia.kiev.ua

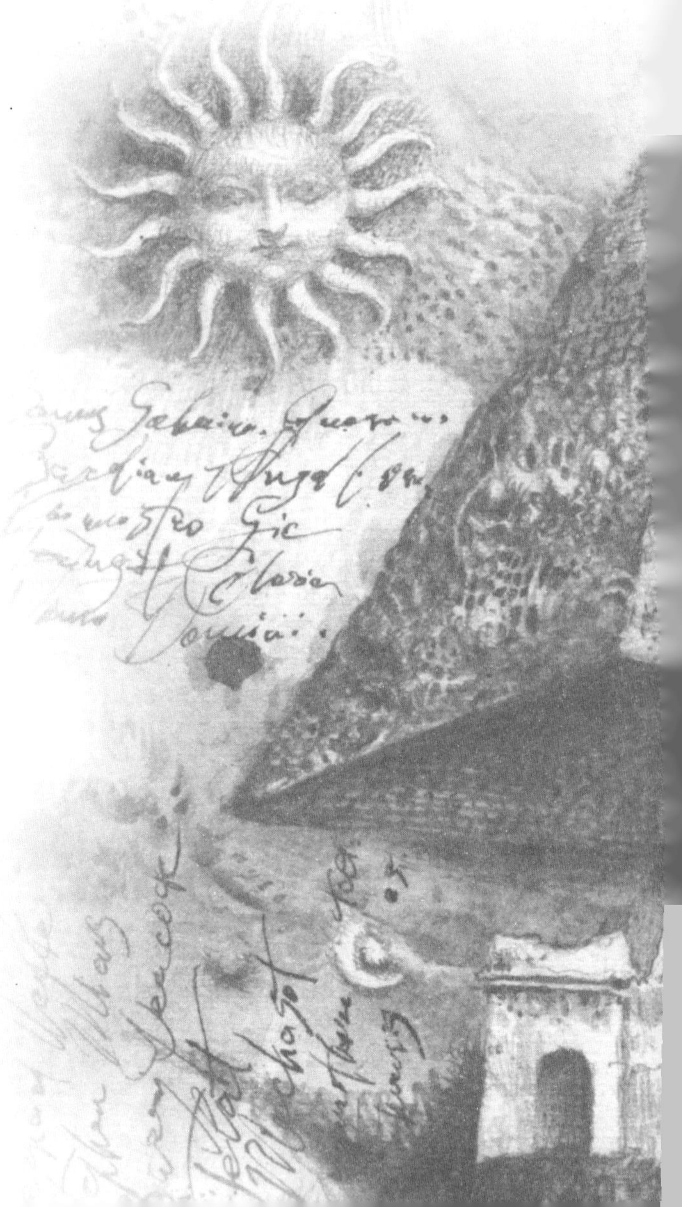